¡Bien dicho!

Autores

Robert Rueda
Tina Saldivar
Lynne Shapiro
Shane Templeton
C. Ann Terry
Catherine Valentino
Shelby A. Wolf

Asesores

Jeanneine P. Jones
Monette Coleman McIver
Rojulene Norris

HAMPTON-BROWN
Quien sabe dos lenguas vale por dos.®

Copyright © Hampton-Brown. All rights reserved. No part of this book may
be reproduced or transmitted in any form or by any means, electronic or
mechanical, including photocopying, recording, or by an information storage
and retrieval system, without permission in writing from the Publisher.

¡Bien dicho! is based on materials published by Houghton Mifflin Company,
Boston, Massachusetts, United States of America.

Hampton-Brown
P.O. Box 223220
Carmel, CA 93922
1-800-333-3510

Printed in the U.S.A.
ISBN 0-7362-0719-8
01 02 03 04 05 06 07 08 09 10 9 8 7 6 5 4 3 2 1

¡Bien dicho!

Gramática, estilo y uso para expresarte mejor

Tabla de contenido

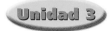

Verbos 57

Adjetivos y adverbios 83

Unidad 5

Ortografía y puntuación   113

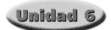

Unidad 6

Pronombres 159

Detenga el autobús.
Este viaje no va a ser
nada aburrido.
¡Qué impresionantes se
ven los tigres!
¿Quién trajo una cámara?

La oración

9

1 ¿Qué es una oración?

ARAÑAS
POR GAIL GIBBONS

Lee las siguientes oraciones. ¿De qué o de quién tratan las oraciones? ¿Qué es lo que pasa?

Algunas arañas ponen pocos huevos. Otras ponen miles.

—tomado de *Arañas*, de Gail Gibbons

Una **oración** es un grupo de palabras que forma un pensamiento completo. Te dice quién hace algo o qué pasa.

No son oraciones	Son oraciones
Mi mejor amigo.	Mi mejor amigo es muy alto.
Toda la noche.	El perro ladra toda la noche.

Mi mejor amigo indica quién o qué, pero no indica lo que pasa. *Toda la noche* no expresa un pensamiento completo.

¿Cómo sabes que las palabras de la derecha son oraciones?

Inténtalo

En voz alta ¿Qué grupos de palabras son oraciones? ¿Cuáles no son oraciones? ¿Por qué?

1. Campeón hace muchos trucos.
2. Campeón ladra.
3. Patas grandes y orejas caídas.
4. Él duerme todo el día.
5. Su pelota favorita.
6. Con el gato blanco y juguetón.
7. Ellos nunca se pelean.

Lee los dos grupos de palabras después de cada número. Escribe el grupo de palabras que forme una oración completa.

Ejemplo: Buenos nadadores.

Los castores son rápidos.   *Los castores son rápidos.*

8. Buenos nadadores.
   Los castores nadan bien.

9. Ellos tienen la cola plana.
   Colas como remos.

10. Los castores se dirigen con la cola.
    Respiración bajo el agua.

11. Una capa gruesa de pelaje suave.
    Su pelaje los mantiene calientes.

12–15. Lee este informe sobre castores. Escribe cada grupo de palabras que forme una oración completa.

Ejemplo: • Los castores trabajan duro. *Los castores trabajan duro.*

• Juntos en grupos pequeños.

- Los castores talan árboles.
- Dientes delanteros muy fuertes.
- Los castores hacen sus diques con ramas.
- Hechos de ramas y piedras.
- Lodo mojado del río.
- El lodo mantiene las ramas juntas.
- Los castores se mantienen calientes.
- Calientes durante todo el invierno.

¡Ahora, a escribir!

ESCRIBIR • PENSAR • ESCUCHAR • HABLAR

INFORMAR

Escribe un informe

Escribe tres oraciones acerca de tu animal favorito. Por ejemplo, *El koala es un marsupial australiano.* Después, léele tu informe a un compañero. Pídele que identifique las oraciones.

Escribir oraciones correctas

Escribir oraciones completas Los buenos escritores usan oraciones completas para hacer más claro lo que escriben. A veces, puedes arreglar una oración que no está completa uniéndola a una oración completa.

Este perico es de Australia. Amarillo y verde.

Este perico de Australia es amarillo y verde.

Aplícalo

1– 4. Vuelve a escribir las oraciones de estos letreros. Arregla cada oración incompleta uniéndola a una oración completa.

Periquito australiano

¡Qué bonito!

Antes estos periquitos vivían sólo en Australia. Ahora por todo el mundo.

Los periquitos aprenden a decir palabras. Hasta oraciones.

Los periquitos son verdes. Cara amarilla.

Estos periquitos usan sus picos para romper semillas. Y subir a las ramas.

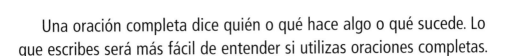
Una oración completa dice quién o qué hace algo o qué sucede. Lo que escribes será más fácil de entender si utilizas oraciones completas.

El siguiente texto tiene algunas oraciones incompletas.

> La guacamaya es un pájaro de la familia de los pericos. Los colores más brillantes. Frutas y nueces de comida.

El escritor arregló estas oraciones así:

> La guacamaya es un pájaro de la familia de los pericos. Tiene los colores más brillantes de todos los pericos. La guacamaya come frutas y nueces.

Recuerda que algunas veces puedes arreglar una oración incompleta uniéndola a una completa.

> Una guacamaya puede hablar. ⎫ Una guacamaya puede hablar,
> Generalmente sólo chillidos. ⎭ pero generalmente sólo da chillidos.

Aplícalo

5–8. Vuelve a escribir los párrafos del primer borrador del informe sobre pericos. Arregla cada oración incompleta.

Revisa

La guacamaya es un perico grande. Pico muy grande. Ese pico fuerte es necesario. Para romper las duras nueces que comen. Sólo otra clase de perico tiene un pico tan grande: la cacatúa.

¡Ten cuidado cuando te acerques a las guacamayas! Algunas veces pican a otros animales. Y a la gente también. Pueden ser domesticadas. Siempre comida disponible para que no piquen a sus dueños. Son animales muy bonitos.

2 Declaraciones y preguntas

Para comenzar

Piensa en una adivinanza para compartir con tus compañeros. Usa una pregunta para decir la adivinanza y una declaración para contestarla.

Adivinanza: ¿A qué le dan duro y no se queja?

Respuesta: Eso pasa con una pelota de béisbol.

Todas las oraciones comienzan con mayúscula. Hay cuatro tipos de oraciones. Las declaraciones y las preguntas son dos tipos.

- **Una declaración es una oración que nos da información.** Termina con un punto.

    Declaraciones: Conchita corre todas las mañanas.
    Ella corre alrededor del lago.

- **Una oración que pide información es una pregunta.** Las preguntas se escriben entre signos de interrogación (¿?).

    Preguntas: ¿Qué distancia corre Conchita?
    ¿Puede ella correr una milla?

Inténtalo

En voz alta Di si cada oración es una *declaración* o una *pregunta*. ¿Qué signos debe llevar?

1. Carmen es mi vecina
2. Cuál es su deporte favorito
3. Es el béisbol
4. Ella puede jugar con nosotros
5. Qué sabe hacer
6. Ella sabe batear

Escribe *declaración* si la oración da información. Escribe *pregunta* si la oración pide información.

Ejemplo: Carlos es mi mejor amigo. *declaración*

7. ¿Dónde está Carlos?
8. Nos gusta jugar fútbol.
9. ¿Te gustaría jugar?
10. ¿Puedes patear la pelota?

11. ¿Vas a venir al juego?
12. Puedes venir más tarde.
13. Mi hermano también vendrá.
14. Yo encontraré a Carlos.

15–20. A esta entrevista deportiva le faltan dos mayúsculas y tiene cuatro signos de puntuación incorrectos. Escríbela correctamente.

Ejemplo: Reportero: cuándo será su próximo juego
　　　　　Reportero: ¿Cuándo será su próximo juego?

Una charla con el entrenador

Reportero:　su equipo ganó otra vez.
　　　　　　¿Lo sorprende a usted esto.

Entrenador:　Por qué voy a estar sorprendido?
　　　　　　Mi equipo es el mejor.

Reportero:　¿Cómo es que su equipo sigue ganando.
　　　　　　cuál es su secreto?

Entrenador:　No es ningún secreto. Tienen al mejor entrenador.

ESCRIBIR • PENSAR • ESCUCHAR • HABLAR

EXPRESAR

Escribe una entrevista

Piensa en alguien de quien te gustaría saber más. Puede ser un amigo, un pariente o quien sea. Escribe tres preguntas que le harías a esa persona. Luego, pide a un compañero que invente declaraciones para las respuestas. Actúen la entrevista para la clase.

3 Mandatos y exclamaciones

Lee estas oraciones en voz alta.
¿Cómo dirías cada oración?

> ¡Nuestro equipo es el mejor!
>
> Compra tus boletos hoy.

Ya has aprendido acerca de las declaraciones y las preguntas. Otros dos tipos de oraciones son los mandatos y las exclamaciones.

- **Un mandato es una oración que le dice a alguien que haga algo.** Termina con punto.

  Mandatos: Por favor tráeme mi bate.
  Observa la pelota.

- **Una exclamación expresa un sentimiento fuerte, como emoción, sorpresa o miedo.** Se escribe entre signos de admiración (¡!).

  Exclamaciones: ¡Bateó un jonrón!
  ¡Ganamos el partido!

Inténtalo

En voz alta Di si cada oración es un *mandato* o una *exclamación*.

1. ¡El béisbol es tremendo!
2. Por favor juega con nosotros.
3. Recoge el bate.
4. ¡Ahí viene la pelota!
5. Pégale fuerte a la pelota.
6. ¡Llegó a tiempo a la base!

Escribe cada oración correctamente. La palabra en paréntesis ( ) te dirá si la oración es un mandato o una exclamación.

Ejemplo: ella es una gran lanzadora (exclamación)

¡Ella es una gran lanzadora!

7. Pablo agarró la pelota (exclamación)
8. lanza la pelota a primera base (mandato)
9. por favor dame mi casco (mandato)
10. yo bateé un jonrón (exclamación)
11. balancea el bate más alto (mandato)
12. rita llegó a la base (exclamación)
13. estamos ganando (exclamación)
14. encuéntrame después del juego (mandato)

15–20. A estos letreros les faltan dos mayúsculas y cuatro signos de puntuación. Escribe los letreros correctamente.

Ejemplo: apoya a tu equipo   *Apoya a tu equipo.*

Corrige

ven al juego de eliminación **Va a ser muy divertido**	Compra tus boletos en la oficina	trae a un amigo Se van a divertir mucho!

¡Ahora, a escribir!

ESCRIBIR • PENSAR • ESCUCHAR • HABLAR

INFORMAR

Escribe un letrero

Escribe un letrero para un día especial en tu escuela o un evento en tu ciudad. Incluye mandatos y exclamaciones. Haz un dibujo para tu letrero. Después léele el letrero a un grupo pequeño. Pide a voluntarios que nombren los signos de puntuación.

4 Sujeto

Lee la siguiente oración. ¿De qué o de quién trata la oración?

Miguel estaba descansando en los brazos de su mamá.

—tomado de *En los brazos de mamá*, de Ann Herbert Scott

- Ya sabes que una oración es un grupo de palabras que forma un pensamiento completo. **El sujeto es la parte que dice de quién o de qué trata la oración.**

  El sujeto de la primera oración que sigue es *Samuel*. ¿Cuáles son los sujetos de las otras oraciones?

  Samuel caminó en la playa.
  Él llevó una toalla.
  La playa rocosa era muy larga.
  Algunas personas se sentaban bajo las sombrillas.

- El sujeto puede ser una o varias palabras. Siempre puedes encontrar el sujeto de una oración preguntando *¿De quién o de qué trata la oración?*

Inténtalo

En voz alta ¿Cuál es el sujeto de cada oración?

1. El océano se ve bonito.
2. Algunas olas grandes nos salpicaron.
3. Dos niñas pequeñas juegan en la arena.
4. Las niñas hicieron un castillo.
5. Unas conchas bonitas están en la arena.

Escribe cada oración. Subraya el sujeto.

Ejemplo: El búho voló lejos.   *El búho voló lejos.*

6. Mi familia salió de vacaciones.
7. Nosotros nos quedamos en una cabaña.
8. La cabaña estaba en el bosque.
9. Pepito vio un conejo pequeño.
10. Yo oí un búho.
11. Una ardilla roja subió a un árbol.
12. Mi hermana mayor caminó al lago.
13. Dos ranas saltaron al agua.
14. Marta saltó a agarrarlas.

15–22. Escribe este mensaje y subraya el sujeto de cada oración.

Ejemplo: ¡El sol está muy fuerte!   *¡El sol está muy fuerte!*

≡ e-mail ≡

Para: Guido
Asunto: Vacaciones

   Nosotros fuimos con el abuelo. Su granja es muy grande. Cuatro vacas duermen en el granero. Una vaca tuvo un becerro. El becerro comió pasto de mi mano. Las gallinas también viven ahí. Yo encontré seis huevos. ¡Los huevos frescos saben deliciosos!

ESCRIBIR • PENSAR • ESCUCHAR • HABLAR

DESCRIBIR

Escribe una postal

Escribe una postal que describa un lugar especial que conozcas. Asegúrate de que cada oración tenga un sujeto. Túrnate con tus compañeros para leer cada una de las postales. ¿Pueden adivinar tus compañeros de quién es cada postal?

5 Predicado

Mira el dibujo. ¿De cuántas formas puedes completar esta oración?

El increíble payaso _____ .

Todas las oraciones tienen dos partes. El sujeto es una parte y la otra es el predicado. **El predicado es la parte de la oración que dice lo que es el sujeto o lo que hace.** El predicado puede ser una o más palabras.

Sujeto	Predicado
Julita	ganó un premio.
La multitud	aplaudió.
Ella	está feliz.
Su hermano	fue al parque.
Él	se divirtió.
Los niños	comieron mucho.

Inténtalo

En voz alta ¿Cuál es el predicado de cada oración?

1. La gente corre a la feria.
2. La música flota en el aire.
3. Un hombre vende globos.
4. El payaso es gracioso.
5. Nicolás se ríe.
6. Nosotros compramos un boleto.
7. El juego nos dio miedo.

Escribe cada oración. Subraya el predicado.

Ejemplo: Emilia toma clases de natación.

Emilia <u>toma clases de natación</u>.

8. Mario va con ella.
9. Ellos toman clases juntos.
10. Cada clase dura una hora.
11. Los dos niños escuchan.
12. Una amiga ayuda a Emilia.

13. Un entrenador enseña a Mario.
14. Ellos siguen las reglas.
15. Mario se lanza del trampolín.
16. Él lo hace muy bien.
17. Emilia lo aplaude.

18–25. Escribe este relato deportivo. Subraya el predicado de cada oración.

Ejemplo: La clavadista espera su turno.

La clavadista <u>espera su turno</u>.

Ana sube las escaleras. Ella sube y se para en el trampolín. Su cara se ve relajada. La multitud espera. Ana se lanza al agua. Su cuerpo da dos vueltas en el aire. El clavado es perfecto. ¡Esta joven tiene talento!

¡Ahora, a escribir!

ESCRIBIR • PENSAR • ESCUCHAR • HABLAR

NARRAR

Escribe un relato personal

Escribe un párrafo sobre algo que te gusta hacer, como jugar fútbol o dibujar. Léele tu historia a un compañero y pídele que nombre los sujetos y los predicados. ¿Le gusta a él hacer lo mismo?

6 Uniones incorrectas

Para comenzar

Se venden boletos aquí el tren sale cada hora.

¿Puedes encontrar dos oraciones en este letrero? ¿Dónde debes poner un punto y una mayúscula?

- **Si escribes dos oraciones sin usar signos de puntuación o palabras que las conecten, tendrás una unión incorrecta** . Usa signos de puntuación y mayúsculas para evitar las uniones incorrectas.

Incorrecto:	Te has subido en un tren es divertido
Correcto:	¿Te has subido en un tren? Es divertido.

- No uses una coma para separar dos oraciones.

Incorrecto:	A Maritza le gustan los trenes, ella viaja en tren.
Correcto:	A Maritza le gustan los trenes. Ella viaja en tren.

Inténtalo

En voz alta ¿Cómo puedes corregir estas uniones incorrectas?

1. El tren es rápido las ruedas hacen ruido.
2. El tren pasa por aquí hace muchas paradas.
3. Adónde más va pasa por todas partes.
4. Elsa está junto a la ventana todo pasa muy rápido.
5. Se ven muchas granjas una vez vio vacas.
6. Ella vio un gran tractor un perro corrió detrás de él.
7. Elsa saludó a un granjero él también la saludó.

Arregla cada unión incorrecta escribiendo dos oraciones.

Ejemplo: Tengo un jardín es bonito   *Tengo un jardín. Es bonito.*

8. ¿Lo quieres ver tienes tiempo?
9. Mi jardín era rocoso ya le quité todas las rocas.
10. Necesito quitar las hierbas crecen muy rápido.
11. Algunas hierbas son muy grandes me cuesta trabajo arrancarlas.
12. Planté flores cuáles te gustan
13. Te gustaría olerlas huelen muy bonito.

14–18. Este fragmento de un artículo de revista tiene cinco uniones incorrectas. Escribe el artículo correctamente.

Ejemplo: Los girasoles son grandes algunos miden diez pies.
       Los girasoles son grandes. Algunos miden diez pies.

Corrige

Gigantes del jardín

Alguna vez has visto girasoles parecen margaritas gigantes. Los pájaros y las personas comen semillas de girasol son muy buenas para comer. Las semillas saben a nueces debes quitarles la cáscara primero. Tienen aceite adentro la gente lo utiliza para cocinar. Te gustan las ensaladas entonces prueba una ensalada con semillas de girasol.

¡Ahora, a escribir!

ESCRIBIR • PENSAR • ESCUCHAR • HABLAR

EXPLICAR

Escribe instrucciones

Escribe instrucciones para preparar tu platillo favorito. Después, léele las instrucciones a un compañero y pídele que las represente. Revisen juntos para verificar si hay uniones incorrectas.

Escribir oraciones correctas

Corregir uniones incorrectas Ya sabes que las uniones incorrectas se corrigen separándolas en dos oraciones. También puedes combinar las dos partes añadiendo la palabra *y*. A veces, también hará falta una coma.

Incorrecto: La jardinería nos enseña ciencias es un gran pasatiempo.

Correcto: La jardinería nos enseña ciencias y es un gran pasatiempo.

Aplícalo

1–6. Revisa esta carta dirigida a la directora de una escuela. Arregla las seis uniones incorrectas uniendo las dos partes con *y*.

Revisa

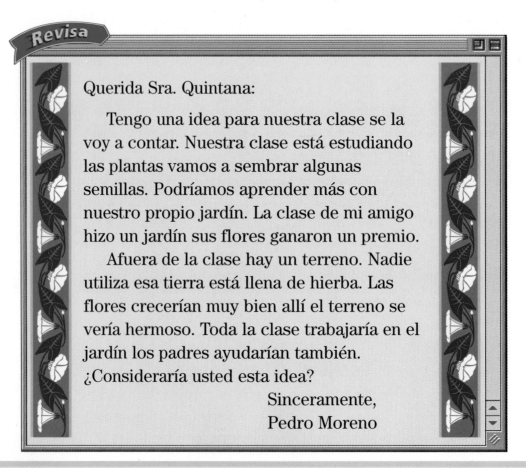

Querida Sra. Quintana:

   Tengo una idea para nuestra clase se la voy a contar. Nuestra clase está estudiando las plantas vamos a sembrar algunas semillas. Podríamos aprender más con nuestro propio jardín. La clase de mi amigo hizo un jardín sus flores ganaron un premio.
   Afuera de la clase hay un terreno. Nadie utiliza esa tierra está llena de hierba. Las flores crecerían muy bien allí el terreno se vería hermoso. Toda la clase trabajaría en el jardín los padres ayudarían también.
   ¿Consideraría usted esta idea?

                                      Sinceramente,
                                      Pedro Moreno

Combinar oraciones Demasiadas oraciones cortas hacen la lectura difícil. Los buenos escritores usan oraciones de diferentes largos. Algunas veces puedes combinar dos oraciones cortas para formar una oración más larga. Usa las palabras *y*, *pero*, u *o* para unir las dos oraciones cortas. A veces, también te hará falta una coma.

Las flores crecieron bien.   }   Las flores crecieron bien, pero
Las hierbas crecieron más.   las hierbas crecieron más.

Aplícalo

7–10. Combina cada par de oraciones para formar una más larga. Utiliza la palabra entre paréntesis ( ) para unir las dos oraciones.

Revisa

La ciencia florece

Elena hizo un hoyo. Paco metió una planta. (y)

Las plantas necesitan agua. Se pueden secar. (o)

Debemos quitar la hierba. La hierba acabará con todo. (o)

Dos plantas eran pequeñas. Las otras crecieron mucho. (pero)

1 **¿Qué es una oración?** *(pág. 10)* Lee los dos grupos de palabras después de cada número. Escribe el grupo que forma una oración.

1. Muchas nubes negras.
   El cielo se volvió negro.
2. El sol desapareció.
   El sol lejos.
3. Mis oídos.
   Yo escuché un trueno.
4. El aguacero comenzó.
   Agua para las plantas.
5. Yo me puse el impermeable.
   Botas junto a la puerta.
6. Mojadas en lodo.
   Mis pies se mojaron.

2 **Declaraciones y preguntas** *(pág. 14)* Escribe cada oración correctamente.

7. ¿cómo es el clima en el Polo Sur
8. todo el año es muy frío
9. ¿alguien ha estado en el Polo Sur
10. un explorador llamado Amundsen llegó primero
11. él y sus hombres viajaron en trineos tirados por perros

3 **Mandatos y exclamaciones** *(pág. 16)* Escribe *mandato* si la oración le dice a alguien que haga algo. Escribe *exclamación* si la oración expresa un sentimiento fuerte.

12. ¡Es un día hermoso!
13. Por favor ven a la playa con nosotros.
14. Pon la toalla bajo la sombrilla.
15. ¡Ahí viene una ola enorme!
16. ¡El agua está helada!

4 **Sujeto** *(pág. 18)* Escribe cada oración. Subraya el sujeto.

17. Tomasa toca el piano.
18. Ella practica todos los días.
19. El Sr. Ruiz le da clases a Tomasa.
20. Sus tres hermanos esperan afuera.

5 Predicado *(pág. 20)* Escribe cada oración. Subraya el predicado.

21. Un mapa es como una fotografía.
22. Casi todos los mapas tienen símbolos.
23. Los símbolos representan lugares reales o cosas.
24. Ana encontró su calle en un mapa.

6 Uniones incorrectas *(pág. 22)* Arregla las uniones incorrectas escribiendo dos oraciones separadas.

25. Mamá cuenta historias algunas historias son acerca de mí.
26. Una historia es graciosa es sobre mi gatito Tarantulín.
27. Tu familia cuenta muchas historias cuál te gusta más
28. Mi tío cuenta las mejores historias son de sus aventuras como marinero.

Repaso mixto 29–34. A este informe de ciencias le faltan dos mayúsculas y tiene cuatro fallas en la puntuación. Escribe el informe correctamente.

Lista de control: Corregir

Comprueba:
✔ las mayúsculas
✔ los signos de puntuación

Corrige

Animales sorprendentes

¿Qué animal corre más rápido. los guepardos son los que alcanzan más velocidad en una distancia corta. El guepardo pertenece a la familia de los gatos Su piel está cubierta con pequeñas manchas negras tiene dos rayas negras alrededor de la cara. Puede correr a más de sesenta millas por hora.

Los guepardos son animales salvajes Pueden ser muy dóciles. Hace mucho, un gobernante en Asia fue dueño de mil guepardos domesticados. Aprende más sobre estos animales sorprendentes en tu biblioteca local.

Examen de práctica

Escribe los números 1–2 en una hoja de papel. Lee el pasaje y busca las partes subrayadas y numeradas. Estas partes pueden ser:

- oraciones incompletas
- uniones incorrectas
- oraciones correctas que se deben combinar
- oraciones correctas que no requieren ningún cambio

Escoge la mejor manera de escribir cada parte subrayada y escribe la letra de la respuesta. Si no hace falta ninguna corrección, escribe la letra de "Oraciones correctas".

Los indígenas norteamericanos dependían de la caza y la pesca.

Hace muchos años, un grupo salió a explorar. Buscaban un lugar
(1)
para vivir. Cerca de un lago. Pronto encontraron el lago ideal, cerca

de un bosque. Había muchos animales les podían servir de alimento.
(2)
Decidieron quedarse allí.

1 A Buscaban. Un lugar para vivir cerca de un lago.

B Buscaban un lugar para vivir, cerca de un lago.

C Buscaban un lugar. ¿Para vivir cerca de un lago?

D Oraciones correctas

2 F Había muchos animales, les podían servir de alimento.

G ¡Había muchos animales! podían servir de alimento.

H Había muchos animales que les podían servir de alimento.

J Oración correcta

Ahora escribe los números 3–4 en tu hoja. Lee el pasaje y busca las partes subrayadas y numeradas. Estas partes pueden ser:

- oraciones incompletas
- uniones incorrectas
- oraciones correctas que se deben combinar
- oraciones correctas que no requieren ningún cambio

Escoge la mejor manera de escribir cada parte subrayada y escribe la letra de la respuesta. Si no hace falta ninguna corrección, escribe la letra de "Oraciones correctas".

Helen Keller nació en Alabama en 1880. Cuando era muy pequeña, se enfermó se quedó ciega y sorda. Sus padres, muy (3) preocupados, decidieron contratar a una maestra llamada Anne Sullivan. Helen y Anne trabajaron juntas durante mucho tiempo. Anne le enseñó a Helen. A comunicarse por señas. (4)

3 A Cuando era muy pequeña, se enfermó, pero se quedó ciega y sorda.

   B Cuando era muy pequeña, se enfermó o se quedó ciega y sorda.

   C Cuando era muy pequeña se enfermó y se quedó ciega y sorda.

   D Oración correcta

4 F Anne le enseñó a Helen, y comunicarse por señas.

   G Anne le enseñó a Helen, a comunicarse por señas.

   H Anne le enseñó a Helen a comunicarse por señas.

   J Oraciones correctas

(págs. 10–11)

1 ¿Qué es una oración?

Recuerda

- Una oración es un grupo de palabras que forma un pensamiento completo.
- Dice *quién* hace algo o *qué* pasa.

Escribe *oración* si el grupo de palabras es una oración. Escribe *no es una oración* si no lo es.

Ejemplo: Vimos un espectáculo de títeres. *oración*

1. Tres títeres con hilos.
2. Los títeres cantaron una canción.
3. En el escenario.
4. Mucha gente vino al espectáculo.
5. El espectáculo quedó muy bien.

(págs. 14–15)

2 Declaraciones y preguntas

Recuerda

- Una declaración es una oración que nos da información.
- Todas las oraciones empiezan con mayúscula y terminan con punto.
- Una pregunta es una oración que pide información. Las preguntas se escriben entre signos de interrogación (¿?).

Escribe cada oración. Usa las mayúsculas y los signos de puntuación correctos.

Ejemplo: Qué es un tigre   *¿Qué es un tigre?*

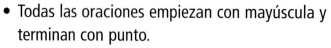

1. El tigre es un gato salvaje
2. Tiene piel naranja con rayas negras
3. el tigre es tan grande como el león
4. Dónde vive el tigre
5. el tigre vive en la selva

(págs. 16–17)

3 Mandatos y exclamaciones

Recuerda

- Los mandatos son oraciones que le dicen a alguien que haga algo. Terminan con punto.
- Las exclamaciones expresan un sentimiento fuerte. Se escriben entre signos de exclamación (¡ !).

Escribe cada mandato o exclamación correctamente.

Ejemplo: ayúdame a construir una casa para el perro (mandato)

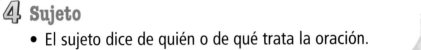
Ayúdame a construir una casa para el perro.

1. esta casa será hermosa (exclamación)
2. tráeme el martillo (mandato)
3. trae los clavos (mandato)
4. fifí está dando vueltas (exclamación)
5. cuenta las tablas (mandato)
6. por fin terminamos (exclamación)

(págs. 18–19)

4 Sujeto

Recuerda

- El sujeto dice de quién o de qué trata la oración.

Escribe el sujeto de cada oración.

Ejemplo: Mi familia es fanática del invierno. *Mi familia*

1. El viento está frío.
2. Papá corta leña en el patio de atrás.
3. Jorge lleva su trineo al parque.
4. Mi hermana menor está en el trineo.
5. Ella se ríe.
6. El muñeco de nieve tiene un sombrero.
7. Papá se puso guantes.

(págs. 20–21)

5 Predicado

- El predicado es la parte de la oración que dice lo que es el sujeto o lo que hace.

Recuerda

Escribe cada oración. Traza una línea entre el sujeto y el predicado.

Ejemplo: El tío Ernesto es un payaso de circo.
El tío Ernesto | es un payaso de circo.

1. Su nariz es grande y roja.
2. Él hace trucos con tres pelotas en el aire.
3. Coches graciosos lo persiguen por la pista.
4. Un sombrero negro se cae al suelo.
5. Un gran pájaro blanco sale del sombrero.
6. Toda la gente aplaude.

(págs. 22–23)

6 Uniones incorrectas

- Dos oraciones unidas sin puntuación ni palabras que las conecten forman una unión incorrecta.
- Evita las uniones incorrectas.

Recuerda

Escribe las uniones incorrectas como dos oraciones.

Ejemplo: La ciudad es muy grande es muy ruidosa
La ciudad es muy grande. Es muy ruidosa.

1. La gente conduce al trabajo van apurados.
2. Los autobuses pasan adónde van.
3. Están construyendo un puente es muy largo.
4. Una agente suena su silbato un coche se detiene.
5. Las tiendas están abiertas quieres ir de compras.

Nombres

¿Qué tiene diez ojos,
cinco hocicos negros
y mucha lana caliente?

1 ¿Qué son los nombres?

Lee la siguiente oración. ¿Qué palabras nombran cosas?

Tenía un traje gris, tenía un sombrero gris, tenía una corbata gris y un bigotito gris.

—tomado de *El hombrecito vestido de gris*, de Fernando Alonso

Una palabra que nombra a una persona, lugar o cosa es un nombre.

 primo

 pueblo

 boletos

Persona	Mi primo y sus amigos están emocionados.
Lugar	Ellos van a ir al circo que llegó al pueblo.
Cosa	Ahorraron dinero para comprar los boletos.

Inténtalo

En voz alta En cada oración hay un nombre subrayado. Encuentra el otro nombre.

1. Los payasos tienen narices chistosas.
2. Sus sombreros y zapatos son enormes.
3. Los elefantes amaestrados hacen trucos.
4. Sus largas trompas echan agua.
5. Los leones y los tigres son aterradores.
6. Una bella niña monta un caballo.
7. A la gente siempre le gusta el circo.

Escribe los nombres de cada oración. Cada oración tiene dos nombres.

Ejemplo: Esta ciudad tiene un aeropuerto.   *ciudad   aeropuerto*

8. Un gran aeropuerto tiene muchos edificios.
9. Algunos niños observan los aviones.
10. Un hombre alto lleva una bolsa grande.
11. Varias mujeres compran boletos.
12. Dos niñas caminan hacia la puerta.
13. Algunas tiendas venden regalos.
14. Un avión se eleva en el aire.
15. Esa familia volará a otra ciudad.

16–27. Este poema tiene doce nombres. Escribe el poema. Subraya los nombres.

Ejemplo: El mundo se ve pequeño desde un avión.
El <u>mundo</u> se ve pequeño desde un <u>avión</u>.

Un viaje en avión
El avión se eleva alto en el aire.
Calles y ciudades se hacen pequeños.
Los caminos parecen alfombras.
Ríos y lagos brillan luminosos.
¿Eso puede ser un camión?
¡Se ve tan pequeño desde el aire!

¡Ahora, a escribir!

ESCRIBIR • PENSAR • ESCUCHAR • HABLAR

CREAR

Escribe un poema

Escribe un poema corto. Menciona cosas que ves todos los días. Cada oración debe incluir uno o dos nombres. Después, léeles tu poema a tus compañeros y pídeles que digan qué nombres usaste.

2 Nombres comunes y propios

Para comenzar

Nombra las personas, el lugar y las cosas que ves en el dibujo. Después, piensa en nombres especiales para cada una de las cosas que nombraste.

- Has aprendido que los nombres indican personas, lugares o cosas. **Un nombre que nombra a cualquier persona, lugar o cosa de cierto tipo es un nombre común**. Un nombre que nombra a una persona, lugar o cosa específica es un **nombre propio**.

Nombres comunes	Nombres propios
Mi amiga nadó ayer.	Gloria nadó ayer.
Su perro la acompañó.	Manchitas la acompañó.
El lago estaba frío.	El lago Alvarado estaba frío.

- Los nombres propios empiezan con mayúscula. Un nombre propio puede tener más de una palabra. Cada palabra importante por lo general empieza con mayúscula.

Inténtalo

En voz alta Di si cada nombre es propio o común.

1. Guadalajara
2. país
3. México
4. Julio Gutiérrez
5. mapa
6. Día de Acción de Gracias

Escribe cada nombre y di si es común o propio.

Ejemplo: Mi familia visitó el Museo del Espacio.

familia—común   Museo del Espacio—propio

7. El nuevo museo abrió hace unos meses.
8. Este edificio tiene una habitación grande con asientos.
9. La gente puede ver las estrellas.
10. Pueden observar a Júpiter, Saturno y otros planetas.
11. La Osa Mayor es una constelación.
12. Una película muestra escenas de astronautas.
13. El primer cosmonauta fue Yuri Gagarin.

14–18. A este artículo de periódico de la Internet le faltan cinco mayúsculas. Escribe el artículo correctamente.

Ejemplo: juan aprendió sobre venus.   *Juan aprendió sobre Venus.*

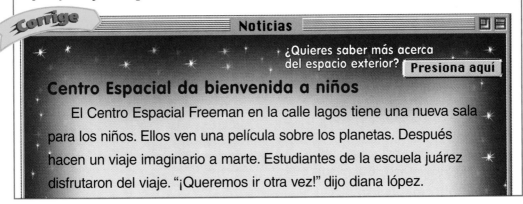

Corrige

Noticias

¿Quieres saber más acerca del espacio exterior? **Presiona aquí**

Centro Espacial da bienvenida a niños

El Centro Espacial Freeman en la calle lagos tiene una nueva sala para los niños. Ellos ven una película sobre los planetas. Después hacen un viaje imaginario a marte. Estudiantes de la escuela juárez disfrutaron del viaje. "¡Queremos ir otra vez!" dijo diana lópez.

¡Ahora, a escribir! ESCRIBIR • PENSAR • ESCUCHAR • HABLAR

PERSUADIR

Escribe para un concurso

La compañía Espacio Exterior tiene un concurso. El premio es un viaje a Plutón. Escribe un párrafo explicando por qué quieres ir. Incluye nombres propios y comunes. Léele tu párrafo a un compañero. ¿Te daría tu compañero el premio?

3 Nombres en el sujeto

Para comenzar

Lee las siguientes oraciones. ¿Cuál es el sujeto de cada una?

¡Las ramas de los árboles estaban blancas! ¡Las flores en sus tiestos estaban blancas!

—tomado de *Más batautos*, de Consuelo Armijo

Sabes que el sujeto de una oración dice de quién o de qué habla la oración. La palabra principal en el sujeto generalmente es un nombre.

Laura vio un espectáculo de animales.

Algunos niños alimentaban a los patos.

Una pequeña niña acariciaba una cabra.

Las focas hicieron trucos.

Dos niños se mojaron.

Inténtalo

En voz alta El sujeto de cada oración está subrayado. ¿Cuál es el nombre principal del sujeto?

1. Un helicóptero aterrizó.
2. Dos niños compraron boletos.
3. Miguel quería subirse.
4. El piloto nos saludó.
5. Una mujer se subió.
6. Mi hermana mayor se sentó junto a mí.
7. El helicóptero despegó.
8. El cielo azul se veía muy cerca.
9. Las grandes casas se veían muy pequeñas desde el aire.
10. El viaje fue muy corto.
11. Mi papá nos esperaba en la puerta.

Escribe el nombre principal del sujeto de cada oración.

Ejemplo: La escuela Green organizó una carrera. *escuela Green*

12. La carrera empezó a la una.
13. Luis se puso sus tenis de la suerte.
14. El silbato se escuchó muy alto.
15. Los profesores tomaron el tiempo de la carrera.

16. Pedro corrió muy rápido.
17. Dos niñas pasaron a Pedro.
18. Un niño alto se adelantó.
19. La carrera fue reñida.
20. Carmen Álvarez fue la ganadora.

21–26. Escribe cada pie de foto. Subraya el nombre en cada sujeto.

Ejemplo: ¡El año termina con un triunfo!

¡El <u>año</u> termina con un triunfo!

Nuestro anuario

Los Tigres ganan el juego.

¡Un resultado inesperado nos sorprende!

Matilde Díaz recibe un premio.

Los Abejorros les ganan a los Tigres.

Dos hermanas muestran sus medallas.

¡Los seguidores están locos de alegría!

¡Ahora, a escribir!

ESCRIBIR • PENSAR • ESCUCHAR • HABLAR

DESCRIBIR

Escribe pies de ilustraciones

Piensa en cosas emocionantes que suceden en tu escuela. Haz un dibujo para cada una. Después escribe una oración que describa cada dibujo. Usa un nombre en el sujeto de cada oración. Léele tus oraciones a un compañero. ¿Sabe qué dibujo va con cada oración?

Escribir con nombres

Ampliar oraciones Puedes hacer más claras tus oraciones añadiendo nombres que digan más sobre el sujeto. Pon el nombre, y cualquier palabra que vaya con él, justo después del sujeto.

Usa una coma (,) antes y después de las palabras que le añadas al sujeto.

> Lilia atrapó la bola.

> Lilia, <u>nuestra mejor jugadora</u>, atrapó la bola.

Aplícalo

1–3. Escribe más información sobre el sujeto de cada foto del anuario. Escoge el mejor grupo de palabras de la lista. Un signo (∧) te mostrará dónde añadir las palabras y las comas. La primera oración es un ejemplo.

Revisa

, gran corredor,

, fuerte bateadora,

, el veloz nadador,

, el delantero,

¡Luis, gran corredor, gana la carrera!

Felipe ∧ es el líder del equipo.

¡Julia ∧ pega un jonrón!

¡Patrick ∧ anota otra vez!

Combinar oraciones Algunas veces dos oraciones cortas tienen el mismo predicado. Puedes unir las oraciones combinando los sujetos. Esto hará que tu escrito sea más fluido.

Usa la palabra *y* cuando juntes dos sujetos.

Tamika corre rápido.
Su hermano corre rápido. } Tamika y su hermano corren rápido.

Aplícalo

4–8. Lee este artículo del periódico escolar. Combina cada par de oraciones subrayadas.

Revisa

¡Un verdadero éxito!

Los estudiantes disfrutan la Feria del Deporte. Sus familias disfrutan la Feria del Deporte. Todos los eventos empezaron temprano en la mañana. El tiempo fresco hizo que el día fuera un éxito. El esfuerzo de todos hizo que el día fuera un éxito.

Muchos niños de tercer grado participaron en los eventos. Nicole participó en la carrera con obstáculos. Berta participó en la carrera con obstáculos. Tuvieron un tiempo sorprendente. Federico entró al concurso de lanzamiento. Kristie entró al concurso de lanzamiento. Federico ganó el tercer lugar. Todos los estudiantes se esforzaron. Los profesores estaban orgullosos. Los estudiantes estaban orgullosos.

4 Masculinos y femeninos

Para comenzar

En la siguiente oración hay dos nombres femeninos. ¿Sabes cuáles son?

> Un hombre que tenía dos hijas supo que hacia el oriente vivía un joven que era el dueño de la luz.

—tomado de *El dueño de la luz*, de Ivonne Rivas

- Un nombre puede ser **masculino** o **femenino**. Los masculinos usan *el* y *un* o *los* y *unos*. Los femeninos usan *la* y *una* o *las* y *unas*.

  el pie *(masculino)*   la mano *(femenino)*

- Los nombres de personas o animales tienen una forma masculina y una femenina.

Si el masculino...	el femenino se forma...	Ejemplos
termina en *o,*	cambiando la *o* por *a.*	niño—niña
termina en *e,*	cambiando la *e* por *a.*	presidente—presidenta
termina en consonante,	añadiendo *a.*	señor—señora
termina en *a,*	dejándolo igual.	el artista—la artista
es un caso especial,	añadiendo *-esa*, *-ina* o *-triz*, o usando una palabra distina.	príncipe—princesa rey—reina actor—actriz caballo—yegua

Inténtalo

En voz alta Di si cada nombre es masculino o femenino.

1. uvas
2. zorro
3. planeta
4. árbol
5. silla
6. cuento

Por tu cuenta

Escribe todos los nombres de cada oración. Luego escribe si cada nombre es *femenino* o *masculino*.

Ejemplo: El teléfono está sonando.   *teléfono   masculino*

7. Rita no vino a la escuela.
8. Consulta el diccionario.
9. La comida estuvo rica.
10. Ese edificio es muy alto.
11. Me comí una galleta.
12. Ese cuento me gustó mucho.
13. Esa planta es muy bonita.
14. Siempre llueve en esa ciudad.

15–28. En esta invitación hay cinco nombres femeninos y nueve masculinos. Haz una lista con los masculinos y otra con los femeninos.

Ejemplo: La fiesta será el viernes.

Masculinos	*Femeninos*
viernes	*fiesta*

¡Ven a mi fiesta de disfraces!

Viernes a las 2:00, Salón 401.

Trae una peluca, una máscara y unos zapatos chistosos.

¿De cuántos colores te puedes pintar la cara?

Los ganadores se llevarán un premio.

Habrá regalos para niños y niñas.

¡Ahora, a escribir!   ESCRIBIR • PENSAR • ESCUCHAR • HABLAR

ESCRIBIR

Escribe una invitación

Planea una fiesta. ¿Qué harás para que sea divertida? Escribe una invitación para tu fiesta y usa nombres femeninos y masculinos. Léele la invitación a un compañero y pídele que diga cuáles son los nombres femeninos y los masculinos.

5 Singular y plural

Encuentra los nombres en la siguiente oración. ¿Cuáles nombran más de una persona, lugar o cosa?

La pantalla la encontró enseguida, pero necesitaba cintas de colores, pegamento, flores de papel...

—tomado de *El agujero negro*, de Alicia Molina

- Un nombre está en **singular** si indica una sola persona, lugar o cosa. Está en **plural** si indica más de una.

Singular: El campesino llevó su carreta al pueblo.
Plural: Los campesinos llevaron sus carretas a los pueblos.

Formación del plural		
Si el nombre termina en...	**se forma el plural...**	**Ejemplos:**
vocal no acentuada,	añadiendo **-s**.	zorro—zorros casa—casas
consonante, excepto **z**,	añadiendo **-es**.	árbol—árboles camión—camiones
z,	cambiando la **z** a **c** y añadiendo **-es**.	vez—veces luz—luces

Inténtalo

En voz alta Di cuál es el plural de cada nombre.

1. perro
2. correa
3. niña
4. aguacate
5. corazón
6. inglés
7. lápiz
8. papel
9. pez
10. limón

Escribe el plural de cada nombre.

Ejemplo: duquesa   *duquesas*

11. amigo
12. varón
13. camiseta
14. color
15. examen
16. pie

17. vez
18. sandía
19. parque
20. señor
21. compás
22. lombriz

23–27. El siguiente horario de televisión tiene cinco plurales incorrectos. Escribe el horario correctamente.

Ejemplo: ¿Cómo viajan las luzes de las estrellas?
¿Cómo viajan las luces de las estrellas?

Corrige

	Domingo, tarde
5:00	**Pregúntele al Dr. Callo** El doctor contesta sus preguntas sobre la salud y el bienestar de sus pieses.
5:30	**Club de exploradors** Hoy viajamos al África para observar avestruses en su medio ambiente.
6:00	**Gatos y ratóns** No siempre son enemigos. A veces nos sorprenden con el cariño que se tienen.

¡Ahora, a escribir!   ESCRIBIR • PENSAR • ESCUCHAR • HABLAR

COMPARAR

Escribe un horario de televisión

Inventa un horario con programas chistosos que se te ocurran. Reúnete con un grupo de compañeros y compartan sus horarios. Hagan una lista de los nombres plurales que usaron. ¿Están todos los plurales formados correctamente?

6 Plurales especiales

Para comenzar

El coquí es una ranita muy pequeña que vive en Puerto Rico. ¿Cuál es el plural de *coquí*?

(a) coquís   (c) coquíes

(b) coquices   (d) cosquillas

- Ya has aprendido a formar el plural de la mayoría de los nombres. Hay algunas reglas especiales para formar el plural de algunos nombres.

Formación del plural: Reglas especiales		
Si el nombre termina en...	**se forma el plural...**	**Ejemplos:**
s al final de sílaba no acentuada,	dejando el nombre igual que en singular.	martes—martes análisis—análisis
é acentuada,	añadiendo *-s*.	café—cafés
í acentuada,	añadiendo *-es*.	coquí—coquíes
otras vocales acentuadas,	casi siempre añadiendo *-s*.	sofá—sofás dominó—dominós

Inténtalo

En voz alta Di cuál es el plural de cada nombre.

1. miércoles
2. chimpancé
3. papá
4. dosis

5. colibrí
6. jueves
7. maní
8. ómnibus

Si el nombre subrayado es un plural correcto, escribe *correcto*. Si es un plural incorrecto, escribe la forma correcta.

Ejemplo: Los <u>sábados</u> no hay clases.   *correcto*

9. El doctor nos dijo que debíamos hacernos unos <u>análices</u>.
10. Los <u>ómnibus</u> se detienen en todas las paradas.
11. Los <u>autobús</u> de la escuela son amarillos.
12. El tesoro del pirata tenía diamantes y <u>rubises</u>.
13. Los <u>compás</u> se usan para trazar círculos.

14–18. La siguiente nota en el diario de Gerardo tiene cinco errores en los plurales. Encuéntralos y escribe la nota correctamente.

Ejemplo: Los vierneses voy al juego.   *Los viernes voy al juego.*

Sábado, 19 de mayo

   Todos los viernes hay juego de pelota por la noche. Juegan los papases y los niños. Como los ómnibuses no funcionan de noche, papá y yo vamos en bicicleta. Llevamos luces y casi siempre paramos en uno de los cafeses del centro a comer algo. Anoche, ganó nuestro equipo, los Jabalís. Cuando llegamos a casa, guardamos las bicicletas y nos tiramos en los sofases. Estábamos cansados, pero contentos.

¡Ahora, a escribir!

ESCRIBIR • PENSAR • ESCUCHAR • HABLAR

PERSUADIR

Escribe una carta

   Tu equipo deportivo no puede decidir si debe llamarse los Jabalíes o los Colibríes. Escríbele una carta al entrenador explicando tu preferencia. Menciona las características de cada animal que reflejan las de tu equipo. Léele tu carta a un compañero. ¿Lo convenciste?

Práctica adicional: página 56   Plurales especiales   **47**

1 **¿Qué son los nombres?** *(pág. 34)* Escribe los nombres de cada una de las oraciones siguientes.

1. Mi clase fue a la feria.
2. El autobús esperó a los estudiantes.
3. Los niños se comieron sus almuerzos.
4. Los niños vieron los pollos.
5. Pollitos bonitos salían de los huevos.
6. Una niña se ganó una muñeca.
7. La maestra también ganó un premio.

2 **Nombres comunes y propios** *(pág. 36)* Escribe *común* si es un nombre común y *propio* si es un nombre propio.

8. estado
9. California
10. gato
11. invierno
12. Canadá
13. Día del Trabajo
14. Victoria García
15. primo
16. muñeca

3 **Nombres en el sujeto** *(pág. 38)* Escribe el nombre principal del sujeto de cada oración.

17. Marcos inscribió a su perro en un concurso.
18. Mucha gente llevó a sus animales.
19. Los jueces observaron de cerca a los perros.
20. El primer premio fue un listón azul.
21. ¡Rayita ganó el listón azul!
22. Los perros felices ladraron.

4 **Masculinos y femeninos** *(pág. 42)* Escribe los nombres de cada oración. Luego escribe si cada nombre es *femenino* o *masculino*.

23. Las sirenas viven en el mar.
24. Me regalaron unos patines con cinco llantas.
25. Las perras se pelean por el hueso.
26. Siempre juego a la pelota en el parque.
27. El ratón no cayó en la trampa.
28. Es una actriz de cine famosa.

5 Singular y plural *(pág. 44)* Escribe cada oración con el plural del nombre indicado entre paréntesis.

29. La raqueta cuesta veinte _____. (dólar)
30. La maestra me dijo que te entregara estos _____. (papel)
31. Mis tenis me aprietan los _____. (pie)
32. Los _____ se establecieron en Norteamérica en el siglo XVII. (inglés)
33. En el frío se nos congelan las _____. (nariz)
34. Esta semana tenemos tres _____. (examen)

6 Plurales especiales *(pág. 46)* Escribe el plural de cada uno de los nombres siguientes.

35. mamá
36. martes
37. compás
38. ómnibus
39. chimpancé
40. israelí

Repaso mixto 41–48. Este boletín tiene tres errores de mayúsculas y cinco errores de plurales. Escribe correctamente el boletín.

Lista de control: Corregir

Comprueba:
- ✔ que los nombres propios están con mayúscula
- ✔ que los plurales están escritos correctamente

¡Estos excursionistas tienen talento!

Nuestros familiar se divirtieron mucho en el concurso de talento del Campamento buenavista. El primer premio lo ganó david con su baile de tap. Él puede hacer cosas extraordinarias con sus pieses. El acto loquísimo que hicieron los tres guía ganó el segundo lugar. El poema de ana sobre los trucos de sus dos cachorros ganó el tercer lugar. Pocas vezes nos hemos divertido tanto. Varios excursionista sirvieron limonada. Al terminar, todos comieron pastel.

Examen de práctica

Escribe los números 1–4 en una hoja de papel. Lee el pasaje y fíjate en cada oración subrayada. Decide si está correcta o, si no, qué tipo de error contiene. Escribe la letra de la respuesta correcta.

Cuando pensamos en animales, casi siempre pensamos en los perros y los gatos. También pensamos en las aves, como los colibrís. Sin
(1)
embargo, los insectos también son animales. Sí, hasta las sucias moscas
(2)
son animales! Las personas también pertenecemos al reino animál. Los
(3)
animales son inteligentes. Por ejemplo, canela, mi perro, sabe hacer
(4)
muchos trucos.

1 A Ortografía

   B Uso de mayúsculas

   C Puntuación

   D Oración correcta

2 F Ortografía

   G Uso de mayúsculas

   H Puntuación

   J Oración correcta

3 A Ortografía

   B Uso de mayúsculas

   C Puntuación

   D Oración correcta

4 F Ortografía

   G Uso de mayúsculas

   H Puntuación

   J Oración correcta

Ahora escribe los números 5–8 en tu hoja. Lee el pasaje y fíjate en cada oración subrayada. Decide si está correcta o, si no, qué tipo de error contiene. Escribe la letra de la respuesta correcta.

El río nilo es el río más largo del mundo. Este río se encuentra en
(5)
África y mide más de 4,000 millas de largo Pasa por varios países y
(6)
desiertos. Sus aguas riegan los cultivos de muchos agricultores. A
(7)   (8)
veses causa inundaciones en los campos. Al final de su largo

recorrido, el río llega al mar.

5 A Ortografía

   B Uso de mayúsculas

   C Puntuación

   D Oración correcta

6 F Ortografía

   G Uso de mayúsculas

   H Puntuación

   J Oración correcta

7 A Ortografía

   B Uso de mayúsculas

   C Puntuación

   D Oración correcta

8 F Ortografía

   G Uso de mayúsculas

   H Puntuación

   J Oración correcta

Unidad 1: La oración

¿Qué es una oración? *(pág. 10)* Lee los dos grupos de palabras. Escribe el grupo que sea una oración.

1. Un coche rojo grande.
   Los coches son rojos.
2. Yo me asomo por la ventana.
   Todo muy bonito.
3. El mejor asiento.
   El asiento de adelante es el mejor.

4. Los coches pasan rápido.
   Camiones muy ruidosos.
5. Subimos por las montañas.
   Vistas preciosas.
6. Gente interesante.
   Yo saludo a la gente.

Tipos de oraciones *(págs. 14, 16)* Escribe cada oración correctamente.

7. qué secreto quieres que te diga
8. no le digas a nadie
9. Ana me contó su secreto
10. qué secreto tan interesante
11. cuál es el secreto
12. ¡ella tiene una bicicleta nueva

Sujetos y predicados *(págs. 18, 20)* Escribe cada oración. Separa el sujeto del predicado con una línea.

13. El tío Pablo es cocinero.
14. Él trabaja en mi escuela.
15. Tío Pablo hizo sopa hoy.

16. La sopa estaba deliciosa.
17. Algunos niños comieron dos platos.
18. ¡El señor Ferrey comió tres platos!

Uniones incorrectas *(pág. 22)* Vuelve a escribir cada unión incorrecta en dos oraciones separadas.

19. ¿Cuál es tu pasatiempo favorito yo colecciono rocas.
20. Algunas rocas son suaves otras rocas son ásperas.
21. Yo clasifico todas mis rocas esta roca es muy vieja.
22. ¿Ves esa piedra naranja viene de Arizona.
23. Mi abuela me la dio a ella le gusta mi colección.
24. Te gusta ésta te la regalo.

Unidad 2: Nombres

¿Qué son los nombres? *(pág. 34)* Escribe todos los nombres.

25. Mis primos tienen una piscina enorme.
26. Mi hermana tiene una fiesta.
27. Unos niños escandalosos están bajo la sombrilla.
28. Dos muchachos están en el agua.
29. Un vecino sirve limonada.

Nombres comunes y propios *(pág. 36)* Escribe *común* o *propio* después de cada nombre.

30. Maine
31. libro
32. puerco
33. Anita
34. abrigo
35. Puerto Rico

Nombres en el sujeto *(pág. 38)* Escribe el nombre principal del sujeto de cada oración.

36. Muchos alimentos vienen de las plantas.
37. La gente come diferentes partes de las plantas.
38. La fruta es parte de una planta que florece.
39. El tomate es una fruta.
40. Las zanahorias son la raíz de una planta.

Masculinos y femeninos *(pág. 42)* Escribe el nombre de cada grupo de palabras. Luego, escribe *masculino* o *femenino*.

41. la pluma azul
42. mi prima
43. algunos escritorios
44. la clase
45. la carta
46. los juguetes
47. la pelota
48. el toro

Singular y plural *(págs. 44, 46)* Escribe el plural de cada nombre.

49. playa
50. dolor
51. canal
52. capataz
53. compás
54. pie

(págs. 34–35)

1 ¿Qué son los nombres?

* Un nombre nombra a una persona, lugar o cosa.

Recuerda

Cada oración tiene dos nombres. Escribe cada oración y subraya los nombres.

Ejemplo: Mi maestra le leyó a la clase.   *Mi maestra le leyó a la clase.*

1. La historia era de mi libro favorito.
2. Un rey vivía en un gran palacio.
3. Gente de la ciudad lo visitó.
4. La reina les enseñó cada habitación.
5. La comida se sirvió en grandes mesas.
6. Los niños jugaban en los jardines.

(págs. 36–37)

2 Nombres comunes y propios

* Un nombre común indica cualquier persona, lugar o cosa de cierto tipo.
* Un nombre propio indica una persona, lugar o cosa específica.
* Los nombres propios empiezan con mayúscula.

Recuerda

Haz dos listas en tu hoja. Escribe los nombres comunes en una lista y los nombres propios en otra.

Ejemplo: océano

Nombres comunes	Nombres propios
océano	

1. Plutón
2. Texas
3. paraguas
4. Pancho Villa
5. pintura
6. avenida

(págs. 38–39)

3 Nombres en el sujeto

- Un nombre generalmente es la palabra principal del sujeto.

Recuerda

El sujeto de cada oración está subrayado. Escribe el nombre principal del sujeto.

Ejemplo: <u>Dos niñas</u> organizaron una fiesta.   *niñas*

1. <u>Pepe</u> hizo las palomitas.
2. <u>Sarita</u> envió los regalos.
3. <u>Su amiga</u> trajo los juegos.
4. <u>Un niño</u> hizo gorros de fiesta.
5. <u>Tres globos rojos</u> se reventaron.
6. <u>Los niños pequeños</u> se divirtieron mucho.

(págs. 42–43)

4 Masculinos y femeninos

- Todos los nombres son masculinos o femeninos. Los masculinos son los que usan *el*. Los femeninos son los que usan *la*.
- Cuando un nombre nombra a una persona o un animal, hay una forma masculina y una forma femenina.

Recuerda

Escribe todos los nombres de cada oración. Luego escribe si cada nombre es *masculino* o *femenino*.

Ejemplo: Los olas están altas.

     olas   femenino

1. Juan consiguió su empleo porque es buen nadador.
2. Mi hermana prefiere escribir con pluma.
3. María le prestó el libro a Rosa.
4. Carlos fue de vacaciones a las montañas.
5. A Luisa se le cayó un diente.
6. A Pablo le gusta el cereal para desayunar.

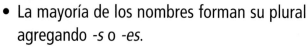

(págs. 44–45)

5 Singular y plural

- La mayoría de los nombres forman su plural agregando -s o -es.
- Los nombres que terminan en z forman su plural cambiando la z por c y luego agregando -es.

Recuerda

Escribe cada oración con el plural correcto del nombre indicado entre paréntesis.

Ejemplo: Las _____ corren detrás del perro. (niña)
Las niñas corren detrás del perro.

1. Mi perro sacó unas _____ de la tierra. (lombriz)
2. Tengo que entrar a lavarme los _____. (pie)
3. Anoche comimos arroz con _____. (frijol)
4. ¿Cuántas _____ vas a repetirlo? (vez)

(págs. 46–47)

6 Plurales especiales

- Si un nombre termina en s al final de sílaba no acentuada, su plural es igual que su singular.
- Si termina en í acentuada, agrega -es para formar el plural.
- Si termina en otra vocal acentuada, su plural se forma casi siempre agregando -s.

Recuerda

Escribe cada oración con el plural del nombre indicado entre paréntesis.

Ejemplo: Mi papá se hizo unos _____ de sangre. (análisis)
Mi papá se hizo unos análisis de sangre.

1. Tráiganos tres _____, por favor. (café)
2. Para ir al centro hay que tomar varios _____. (ómnibus)
3. Los _____ se cayeron uno tras otro. (dominó)
4. Los _____ son pájaros que beben néctar de las flores. (colibrí)

Verbos

Jalar la cuerda no
es un juego para
personas tímidas.
Aprietas los dientes,
contienes la respiración...
¡y JALAS!

1 ¿Qué son los verbos?

Lee la siguiente oración. ¿Qué palabras muestran acción?

> Tío Conejo bajó de la montaña y esa noche durmió contento.

—tomado de *La piedra del zamuro*, de Rafael Rivero Oramas

- Has aprendido que un nombre se refiere a una persona, un lugar o una cosa. **Un verbo es una palabra que habla sobre lo que la gente o las cosas hacen.** Los verbos son palabras que muestran acción.

  Ramona compró un billete.
  Ella viajó en autobús.

- Todas las oraciones tienen sujeto y predicado. Sabes que la palabra principal del sujeto es un nombre. El verbo es la palabra principal del predicado.

  Sujeto   Predicado
  El conductor   paró en la biblioteca.

Zoológico de San Diego

Inténtalo

En voz alta ¿Cuál es el verbo de cada oración?

1. Carmen voló a California.
2. Vio una película en el avión.
3. Llegó con su tío.
4. Carmen visitó muchos lugares.
5. Disfrutó el Zoológico de San Diego.
6. A Carmen le gustaron más los osos polares.
7. Un día nadó en el océano Pacífico.

Escribe los verbos.

Ejemplo: Enriqueta trabaja para un periódico. *trabaja*

8. Ella toma fotografías para el periódico.
9. Un día, un león escapó del zoológico.
10. Los policías lo buscaron en las calles.
11. Enriqueta agarró su cámara.
12. Manejó su auto lentamente por la ciudad.
13. Enriqueta vio al león frente a una tienda de animales.
14. El león roncaba muy ruidosamente.
15. Enriqueta tomó una fotografía del león.
16. La fotografía salió en primera plana.

17–25. Escribe este principio de un cuento. Subraya los nueve verbos.

Ejemplo: La ciudad asustaba al león. *La ciudad <u>asustaba</u> al león.*

¡Un león anda suelto!

Leo empujó la puerta de la jaula de un zarpazo.
La puerta se abrió. Leo se asomó. El viejo león salió
de la jaula. Atravesó la entrada del zoológico. Vio
algo extraño. Unas criaturas grandes y brillantes
pasaban a su lado. Las criaturas sonaron sus bocinas varias veces. Leo
siguió a las criaturas rumbo a la ciudad.

ESCRIBIR • PENSAR • ESCUCHAR • HABLAR

NARRAR

Escribe el principio de un relato

Un animal acaba de escapar del zoológico. ¿Qué sucede cuando el
animal sale del zoológico? Escribe el primer párrafo del relato. Lee tu
párrafo a un compañero y pídele que identifique los verbos.

2 Verbos en presente

Para comenzar

Los verbos de las siguientes oraciones están en presente. Encuéntralos.

Super-perro vigila a los niños en la piscina. Salta dentro de un salvavidas cuando nadie lo mira.

Además de mostrar la acción, los verbos muestran quién la hace y cuándo ocurre. **Un verbo en tiempo presente indica una acción que se realiza en el momento en que se habla, o que se hace habitualmente**. Las formas del verbo en presente varían según la persona a la que se refiera y al verbo.

Verbos regulares: Conjugación en presente			
	Amar	**Temer**	**Vivir**
yo	amo	temo	vivo
tú	amas	temes	vives
él/ella/usted	ama	teme	vive
nosotros	amamos	tememos	vivimos
vosotros	amáis	teméis	vivís
ellos (ustedes)	aman	temen	viven

Inténtalo

En voz alta Lee cada oración con la forma correcta del verbo en presente entre paréntesis.

1. Los niños _____ la nieve. (disfrutar)
2. Delia _____ abrigo y gorro. (usar)
3. Nosotros _____ en un clima frío. (vivir)
4. Tú _____ la chimenea. (prender)

Escribe cada oración con la forma correcta en presente del verbo entre paréntesis.

Ejemplo: Los conejos _____ entre la hierba. (saltar)

Los conejos saltan entre la hierba.

5. En primavera, el sol _____ muy temprano. (salir)
6. El pasto _____ muy rápido. (crecer)
7. Las flores _____ colores preciosos. (lucir)
8. Los osos se _____ de su largo sueño. (levantar)
9. Yo _____ mi pelota. (tirar)

10–14. Copia este artículo de una enciclopedia electrónica y complétalo con la forma correcta en presente de cada verbo entre paréntesis.

Ejemplo: Un koala (trepar) lentamente. *Un koala trepa lentamente.*

Web site

atrás   adelante

Los koalas (vivir) en Australia. Muchos árboles de eucalipto (crecer) ahí. Sus hojas son un buen alimento para los koalas. El koala (comer) toda la noche. Después, duerme en los árboles todo el día. La madre koala (cargar) a su nuevo bebé en una bolsa de su vientre. Cuando son mayores, los bebés (viajar) sobre su espalda.

¡Ahora, a escribir!

ESCRIBIR • PENSAR • ESCUCHAR • HABLAR

INFORMAR

Escribe una lista

Escribe los nombres de cuatro animales, junto con un verbo que describa cómo se mueve cada uno. Después escribe una oración sobre cada animal. Luego, léeles tus oraciones a tus compañeros sin decir los verbos. ¿Pueden tus compañeros adivinarlos?

3 Pretérito indefinido

Para comenzar

La Canción más bonita

Busca los verbos en la siguiente oración. ¿Ocurren las acciones en el presente, u ocurrieron en el pasado?

Y cuando la alondra salió de su nido, la cazó con la red, la encerró en una jaula y se la llevó al rey.

—tomado de *La canción más bonita*, de Max Bolliger

Verbos regulares: Conjugación en pretérito indefinido			
	Amar	**Temer**	**Vivir**
yo	amé	temí	viví
tú	amaste	temiste	viviste
él/ella/usted	amó	temió	vivió
nosotros	amamos	temimos	vivimos
vosotros	amasteis	temisteis	vivisteis
ellos (ustedes)	amaron	temieron	vivieron

Inténtalo

En voz alta Lee cada oración con la forma correcta en pretérito indefinido del verbo indicado entre paréntesis.

1. Ana _____ a sus amigos a la fiesta. (invitar)
2. Yo _____ la piñata. (romper)
3. Juan y yo _____ el juego del escondite. (ganar)
4. Los niños _____ toda la tarde. (estudiar)
5. Tú no _____ que tu mamá te llamaba. (oír)
6. Ustedes _____ toda la tarde por el patio. (jugar)

Por tu cuenta

El verbo subrayado en cada oración está en presente. Escribe la oración cambiando el verbo al pretérito indefinido.

Ejemplo: Luis viaja a México. *Luis viajó a México.*

7. Sus padres llevan a Luis al Centro Histórico.
8. Luis observa las ruinas del Templo Mayor.
9. Mucha gente visita el centro de la ciudad.
10. Luis ve muchas artesanías.
11. La familia entra a la Catedral.
12. Los visitantes salen encantados.

13–18. Copia este correo electrónico de Nora y complétalo con la forma correcta, en pretérito indefinido, de cada verbo entre paréntesis.

Ejemplo: Yo (ver) un ballenato. *Yo vi un ballenato.*

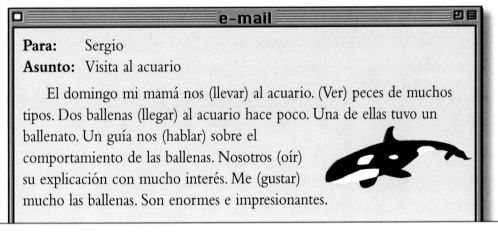

Para: Sergio

Asunto: Visita al acuario

El domingo mi mamá nos (llevar) al acuario. (Ver) peces de muchos tipos. Dos ballenas (llegar) al acuario hace poco. Una de ellas tuvo un ballenato. Un guía nos (hablar) sobre el comportamiento de las ballenas. Nosotros (oír) su explicación con mucho interés. Me (gustar) mucho las ballenas. Son enormes e impresionantes.

¡Ahora, a escribir!

ESCRIBIR • PENSAR • ESCUCHAR • HABLAR

NARRAR

Escribe un correo electrónico

Cuéntale a un amigo lo que hiciste el fin de semana pasado. Usa verbos en pretérito y trata de describir claramente todas las cosas que hiciste. Reúnete con un grupo de compañeros y túrnense para leer sus correos electrónicos. Fíjense en los verbos que usaron.

4 Pretérito imperfecto

Para comenzar

Lee las siguientes oraciones. ¿Cuáles son los verbos? ¿Están en presente o en pasado?

Era una noche silenciosa y fría en un bosque de las montañas de Hokkaido. Los osos y las ardillas dormían en sus refugios de invierno.

—tomado de *El sueño del zorro*, de Keizaburo Tejima

- Otro tiempo de los verbos que también indica que una acción ocurrió en el pasado es el **pretérito imperfecto**.

	Verbos regulares: Conjugación en pretérito imperfecto		
	Amar	**Temer**	**Vivir**
yo	amaba	temía	vivía
tú	amabas	temías	vivías
él/ella/usted	amaba	temía	vivía
nosotros	amábamos	temíamos	vivíamos
vosotros	amabais	temíais	vivíais
ellos (ustedes)	amaban	temían	vivían

Inténtalo

En voz alta Lee cada oración con la forma correcta en pretérito imperfecto del verbo indicado entre paréntesis.

Esta lavadora no hacía tanto ruido.

1. Yo _____ cuando llegaste tú. (lavar)
2. La lavadora no _____ bien. (funcionar)
3. El agua se _____ de la lavadora. (salir)
4. Nosotros _____ de un lado para otro. (correr)
5. Tú me _____ a secar el piso. (ayudar)

Escribe *imperfecto* o *indefinido* para indicar el tiempo del verbo en cada oración.

Ejemplo: Los pájaros cantaban todas las mañanas. *imperfecto*

6. El tío les contaba un cuento a sus sobrinos.
7. Una niña le llevó frutas a su abuelita.
8. El lobo quería comerse a la niña.
9. Un hada ayudó a Cenicienta.
10. El héroe siempre ganaba en esos cuentos.
11. Yo me levanté primero.

12–16. Los verbos subrayados en el siguiente cuento están en pretérito indefinido. Copia el cuento, cambiando los verbos al pretérito imperfecto.

Ejemplo: Ellos <u>caminaron</u> por la vereda.
      Ellos caminaban por la vereda.

La anciana del bosque

Carlos y Elisa <u>vivieron</u> en el bosque. Cerca de ahí <u>habitó</u> una extraña anciana, y Carlos <u>deseó</u> conocerla. Un día se perdió y no sabía cómo volver. Había caminado mucho y le <u>dolieron</u> los pies. La anciana lo vio, y lo transformó en un bello pavo real. Cuando Elisa vio que no <u>volvió</u>, salió a buscarlo.

ESCRIBIR • PENSAR • ESCUCHAR • HABLAR

CREAR

Escribe un cuento

Termina el cuento de la anciana del bosque. Usa verbos en las dos formas del pretérito que has estudiado. Lean sus cuentos en clase y comenten los distintos finales.

5 Futuro

¿Cuál de las siguientes oraciones se refiere a una acción pasada? ¿Cuál se refiere a algo que ocurrirá en el futuro?

Los relámpagos asustaron mucho a Pulgas.
Esta noche dormirá en mi cama.

Para indicar que una acción va a ocurrir en el futuro, los verbos aparecen en tiempo futuro. Los modelos de conjugación del tiempo futuro aparecen a continuación.

Verbos regulares: Conjugación en futuro			
	Amar	**Temer**	**Vivir**
yo	amaré	temeré	viviré
tú	amarás	temerás	vivirás
él/ella/usted	amará	temerá	vivirá
nosotros	amaremos	temeremos	viviremos
vosotros	amaréis	temeréis	viviréis
ellos (ustedes)	amarán	temerán	vivirán

Inténtalo

En voz alta Di la forma del tiempo futuro que corresponde a cada verbo.

1. ella se (mojar)
2. tú te (tapar)
3. yo (oír)
4. ustedes (divertirse)
5. él (alimentar)
6. ustedes (ver)
7. ella (vivir)
8. yo (esconder)
9. yo (beber)
10. ellos (recibir)
11. ustedes (cargar)
12. nosotros (ser)

Escribe cada oración con la forma correcta en futuro del verbo indicado entre paréntesis.

Ejemplo: La maestra _____ sobre el clima. (hablar)
La maestra hablará sobre el clima.

13. Nosotros _____ sobre la lluvia. (aprender)
14. Tú _____ el agua al sol. (sacar)
15. El agua _____ el calor del sol. (recibir)
16. Ustedes _____ que cambia de un líquido a un gas. (ver)
17. Las nubes _____ su peso y tamaño. (aumentar)
18. El agua _____ en forma de lluvia. (caer)

19–25. El siguiente informe del estado del tiempo tiene siete verbos en futuro. Copia el informe y subraya los verbos en futuro.

Ejemplo: La tormenta durará todo el día.
La tormenta durará todo el día.

La tormenta de nieve comenzará al mediodía y terminará mañana. La nieve cubrirá las carreteras hasta 20 pulgadas. Soplarán vientos fuertes por la noche. El cielo se despejará el domingo. La temperatura se elevará a cuarenta grados. La nieve se derretirá.

ESCRIBIR • PENSAR • ESCUCHAR • HABLAR

INFORMAR

¡Ahora, a escribir!
Escribe un pronóstico del tiempo

Un pronóstico es una predicción de cómo será el tiempo en el futuro. ¿Piensas que mañana será un día soleado o nublado? Escribe un pronóstico del tiempo. Usa verbos en futuro y subráyalos. Léele tu informe a un compañero y pídele que señale los verbos en futuro.

Escribir con verbos

No pongas coma cuando combines predicados.

Combinar oraciones Puedes hacer más claros tus escritos si combinas oraciones cortas para formar oraciones más largas. Cuando dos oraciones tienen el mismo sujeto, puedes unir los predicados con la palabra *y*.

Yo le escribí una carta a Esther. ⎫ Yo le escribí una carta a Esther
Yo le hablé de la escuela. ⎬ y le hablé de la escuela.
⎭

El sujeto de ambas oraciones es *Yo*. Puedes combinar los dos predicados *le escribí una carta a Esther* y *le hablé de la escuela*.

Aplícalo

1–5. Vuelve a escribir esta parte de una carta que un estudiante empezó hace muchos años. Combina cada par de oraciones subrayadas.

Revisa

15 de diciembre de 1860

Querida Esther:

Mañana comienzan las clases. Guardamos nuestras ropas de labranza. Planchamos nuestros vestidos. Este año mi hermanita Lucy y yo caminaremos juntas a la escuela. El recorrido es de dos millas. El recorrido dura media hora. Tengo que caminar más lento por Lucy. Yo camino rápido. Yo prefiero correr a veces.

Tengo catorce años. Estoy en mi último año de escuela. Lucy comienza la escuela ahora. Tiene ocho años. Yo le enseñé a Lucy el abecedario. Yo le regalé un pedazo de tiza nuevo.

También es posible combinar oraciones que tienen distintos sujetos. Eso te ayudará a formar oraciones más largas y complejas. Una mezcla de oraciones cortas y sencillas con oraciones más largas y complejas hará que tus escritos sean más interesantes. Aquí tienes un ejemplo de cómo combinar dos oraciones con distinto sujeto.

Los varones llevan pantalones de trabajo azules. Las niñas visten sencillos vestidos de algodón.

Los varones llevan pantalones de trabajo azules, y las niñas visten sencillos vestidos de algodón.

Fíjate que, como hay dos sujetos distintos, es buena idea poner una coma entre las dos partes de la nueva oración.

Aplícalo

6–8. Revisa estos pies de ilustración. Combina cada par de oraciones.

Revisa

Escuela de frontera

escritorio del profesor

mesa   banca   estufa

tarima

El profesor tiene un escritorio.
Los alumnos se sientan en bancas.

La estufa quema leña.
El salón se calienta demasiado.

Nos sentamos en bancas.
Las bancas no son cómodas.

6 Los verbos *ser* y *estar*

Para comenzar

¿Cuántas oraciones puedes formar usando solamente palabras de estas dos listas?

Lista 1 aburrido, auto, bonito, camino, cansado, día, difícil, el, en, fangoso, largo, mi, papá, por, yo

Lista 2 era, es, estaba, soy

- *Era, es, estaba* y *soy* son formas de los verbos *ser* y *estar*. Los verbos *ser* y *estar* no muestran acción. Sólo dicen quién es o cómo es algo o alguien. Los verbos *ser* y *estar* no se conjugan como los modelos regulares. Son verbos irregulares.

Ser y estar						
	Presente		**Pretérito indefinido**		**Pretérito imperfecto**	
	ser	estar	ser	estar	ser	estar
yo	soy	estoy	fui	estuve	era	estaba
tú	eres	estás	fuiste	estuviste	eras	estabas
él/ella/usted	es	está	fue	estuvo	era	estaba
nosotros	somos	estamos	fuimos	estuvimos	éramos	estábamos
vosotros	sois	estais	fuisteis	estuvisteis	erais	estabais
ellos (ustedes)	son	están	fueron	estuvieron	eran	estaban

Inténtalo

En voz alta Lee cada oración conjugando el verbo *ser* o *estar* en el tiempo indicado.

1. Yo _____ mayor que él. (ser—presente)
2. Nuestras vacaciones _____ muy divertidas. (ser—futuro)
3. Por fin todo _____ listo. (estar—indefinido)

Escribe *ser* o *estar* y el tiempo del verbo para cada oración.

Ejemplo: La señora Díaz fue maestra.   *ser—pretérito indefinido*

4. Nosotros éramos sus alumnos.
5. Ella estuvo en la escuela por muchos años.
6. Sus clases eran muy interesantes.
7. Ahora ella está retirada.
8. Yo siempre fui su alumno favorito.
9. ¿Dónde estará ella ahora?

10–15. En esta tabla de comparación faltan algunas formas de los verbos *ser* y *estar*. Copia la tabla y complétala con formas apropiadas de *ser* y *estar*.

Ejemplo: Yo _____ el más alto de la clase.
Yo era el más alto de la clase.

Primer Grado

Yo tenía siete años.

Yo _____ en la clase del Sr. Díaz.

Mi materia favorita _____ aritmética.

Nosotros _____ niños muy traviesos.

Tercer Grado

Yo tengo nueve años.

Yo _____ en la clase de la Sra. Mitchell.

Mis materias favoritas _____ geografía y lenguaje.

Nosotros _____ más tranquilos ahora.

¡Ahora, a escribir!

ESCRIBIR • PENSAR • ESCUCHAR • HABLAR

COMPARAR

Escribe una tabla

Prepara una tabla que compare cómo eras en primer grado y cómo eres en tercero. Usa los verbos *ser* y *estar* en distintos tiempos. Lee tu tabla en clase. Tus compañeros darán una palmada cada vez que oigan una forma del verbo *ser* o *estar* y dirán en qué tiempo está.

7 Verbos irregulares

Hay verbos que no están correctos en la siguiente oración. ¿Cómo los arreglarías?

Cuando por fin podí ganarle a Julia, me poní muy contento.

Además de *ser* y *estar*, hay muchos otros verbos **irregulares**, es decir, verbos que tienen **una o más formas que no siguen el patrón normal de conjugación**. La mejor manera de aprender estas formas es memorizándolas. Aquí tienes algunos ejemplos.

Verbo	Formas irregulares	Verbo	Formas irregulares
acordar	acuerdo	hacer	hago, haremos, hice, hecho
andar	anduve	poder	pude
caber	cupe, quepo, cabré	poner	puse, puesto, pondré
conocer	conozco	querer	quise, querré
decir	digo, dije, dicho, diré	ver	vimos, visto

Inténtalo

En voz alta Lee cada oración con la forma correcta del presente del verbo indicado entre paréntesis.

1. Los campeones siempre _____ ganar. (querer)
2. Los atletas _____ correr velozmente. (poder)
3. El árbitro _____ la última palabra. (decir)
4. Por allá _____ los campeones. (venir)
5. Yo _____ temprano de la escuela para verlos. (venir)
6. Yo _____ deportes en mi escuela. (hacer)

Escribe cada oración con la forma correcta del verbo incorrecto subrayado.

Ejemplo: Su tío ponió su plato sobre la mesa.
Su tío puso su plato sobre la mesa.

7. El director dició que mañana será la competencia.
8. Mis primos de México venirán a visitarnos.
9. La tía Luisa no pode venir.
10. Los niños ponerán sus maletas en el auto.
11. Andé todo el día por los museos de la ciudad.
12. No conozo muy bien a mis primos.

13–18. Este discurso tiene seis errores en los verbos irregulares. Encuéntralos y escribe el discurso correctamente.

Ejemplo: No recordo cuándo comí mejores sandías.
No recuerdo cuándo comí mejores sandías.

Corrige

Desde que soy presidente volvo cada año a mi pueblo natal para la cosecha de sandías. El año pasado me llevé una sandía tan grande que no cabió en mi auto. Esta vez querí darles una sorpresa por lo bien que me tratan siempre. Trayo dos camiones nuevos, que quiero obsequiarles para transportar las sandías. También pondré a su disposición el ejército para cosechar las sandías. ¡Que comenze la feria!

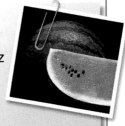

¡Ahora, a escribir!

ESCRIBIR • PENSAR • ESCUCHAR • HABLAR

REFLEXIONAR

Escribe un discurso

Escribe un discurso chistoso. Usa verbos irregulares como *venir, poder, decir, poner, querer* y *traer*. Lee tu discurso en clase. ¿Qué parte hallaron más chistosa tus compañeros? Comenten los verbos irregulares que usaste.

1 **¿Qué son los verbos?** *(pág. 58)* Escribe el verbo de cada una de las siguientes oraciones.

1. Emma hizo un viaje por Egipto.
2. Su hermana fue con ella.
3. Emma montó en camello.
4. Ellas visitaron las pirámides.

2 **Verbos en presente** *(pág. 60)* Escribe cada oración conjugando en presente el verbo entre paréntesis.

5. Carlos _____ un libro de geografía. (leer)
6. Los alumnos _____ la explicación del maestro. (escuchar)
7. Toda su familia _____ en México. (vivir)
8. En verano, todos nosotros _____ de vacaciones. (salir)

3 **Pretérito indefinido** *(pág. 62)* Escribe cada oración conjugando en pretérito indefinido el verbo indicado entre paréntesis.

9. La familia _____ todo el día. (nadar)
10. Pedro y Juan _____ al árbol. (subir)
11. Mi hermano _____ a la pelota. (jugar)
12. Todos nosotros _____ en el campo. (comer)

4 **Pretérito imperfecto** *(pág. 64)* Escribe cada oración conjugando en pretérito imperfecto el verbo indicado entre paréntesis.

13. Un campesino _____ al pie de un árbol. (descansar)
14. El invierno _____ lentamente. (pasar)
15. Nosotros _____ cansados del trabajo. (llegar)
16. Los monos _____ a los árboles. (subir)

5 **Futuro** *(pág. 66)* Escribe cada oración conjugando en futuro el verbo entre paréntesis.

17. El museo _____ sus puertas a las 10:00. (cerrar)
18. La campana _____ muy fuerte. (sonar)
19. Los alumnos _____ una nueva lección. (aprender)
20. La abuela _____ su tienda. (abrir)
21. Carlos _____ en la tarde. (llegar)

6 Los verbos *ser* y *estar* (*pág. 70*) Escribe cada oración y subraya las formas de los verbos *ser* y *estar*.

22. Los bebés estaban gordos.
23. Los árboles eran altísimos.
24. Tú fuiste travieso de niño.
25. ¿Cuándo estuvieron en Perú?

7 Verbos irregulares (*pág. 72*) Escribe cada oración con la forma correcta del verbo incorrecto subrayado.

26. Ellos <u>dicieron</u> mentiras.
27. Los bebés no <u>poden</u> vivir solos.
28. Carlos <u>vinió</u> la semana pasada.
29. Los atletas no <u>querieron</u> firmar el contrato.

Repaso mixto 30–38. Esta reseña tiene nueve formas verbales incorrectas. Encuéntralas y escribe la reseña correctamente.

Lista de control: Corregir

Comprueba:
- ✔ la conjugación de los verbos regulares en los distintos tiempos
- ✔ las formas de los verbos *ser* y *estar*
- ✔ las formas irregulares de los verbos

Corrige

Título En pos del radio

Autora Gamma X. Rayos

Sobre el libro No podí entender este libro, porque la autora usa palabras difíciles. El libro trata de un científico francés llamado Pierre Curie. Él quisía mucho a su esposa, Marie. Los dos anduvían buscando una sustancia que se llama el radio, aunque no es el radio en que uno puede oyir música. Hacieron muchos esfuerzos por encontrar ese radio y, después de muchos años, obtenieron una pizca y se hicieron famosos.

Mi opinión No me acordo cuándo leí un libro tan difícil. Me poní un diccionario al lado, y me cansé de buscar tantas palabras. No lo recomendo.

Examen de práctica

Escribe los números 1–4 en una hoja de papel. Lee el pasaje y escoge la mejor palabra o el mejor grupo de palabras para cada espacio en blanco. Escribe la letra de la respuesta correcta.

El mundo moderno no podría funcionar sin energía. Muchas personas __(1)__ sus hogares con la energía que se __(2)__ del petróleo. El petróleo es un tipo de combustible. Sin embargo, si no lo ahorramos, muy pronto se __(3)__. Todos debemos ahorrar energía. Así __(4)__ que las reservas duren por muchos años.

1 A calentan

  B calientaron

  C calientan

  D calientes

2 F obtenido

  G obtiene

  H obtene

  J obtenerá

3 A agotó

  B agotaba

  C agüetará

  D agotará

4 F podremos hacer

  G poderemos hacer

  H podimos hacer

  J pudimos hacer

Ahora escribe los números 5–8 en tu hoja. Lee el pasaje y escoge la mejor palabra o el mejor grupo de palabras para cada espacio en blanco. Escribe la letra de la respuesta correcta.

Ayer ___(5)___ el cumpleaños de Maribel. En la mañana fue a la oficina de correos a recoger sus cartas. Cuando llegó a casa y las abrió, ___(6)___ una sorpresa. En una de las tarjetas de cumpleaños ___(7)___ dos boletos para un juego de fútbol. Era un regalo de su abuelita. El juego era el domingo siguiente. Cuando los vio, Maribel se ___(8)___ muy contenta.

5 A estaba
  B sido
  C fue
  D será

6 F encontró
  G encuentró
  H encontraba
  J encuentre

7 A habió
  B habrá
  C hubo
  D había

8 F pondrá
  G puso
  H ponerá
  J ponió

continúa ▶

Ahora escribe los números 9–12 en tu hoja. Lee el pasaje y escoge la mejor palabra o el mejor grupo de palabras para cada espacio en blanco. Escribe la letra de la respuesta correcta.

Benjamin Franklin nació en 1706. Él llevó una vida muy activa y ___(9)___ a la edad de 84 años. Junto con George Washington y Thomas Jefferson, Benjamin Franklin formó el gobierno de los Estados Unidos. También ___(10)___ en un gran inventor. Por ejemplo, inventó una estufa especial que servía para calentar los hogares. Sin embargo, muchos lo recuerdan más por comprobar que los rayos ___(11)___ una forma de electricidad. Muchos ___(12)___ sobre su vida y sus grandes logros.

9 **A** ha muerto

    B ha morido

    C murió

    D morió

10 **F** se convertió

    G convirtido

    H convertido

    J se convirtió

11 **A** son

    B era

    C es

    D fueron

12 **F** han escribido

    G han escribado

    H han escrito

    J has escribiado

(págs. 58–59)

1 ¿Qué son los verbos?

Recuerda

- Un verbo es una palabra que muestra acción.
- El verbo es la palabra principal del predicado.

Escribe cada oración y subraya el verbo.

Ejemplo: La banda marcha por la calle.

La banda <u>marcha</u> por la calle.

1. Marta toca la trompeta.
2. Ricardo compone música para la banda.
3. Los uniformes me encantan.
4. Lydia dirige la banda.
5. Mis hermanas también participan.
6. Papá nos lleva al desfile.

(págs. 60–61)

2 Verbos en presente

Recuerda

- Un verbo en tiempo presente indica una acción que se realiza en el momento en que se habla, o que se hace habitualmente.

Escribe cada oración conjugando en presente el verbo indicado entre paréntesis.

Ejemplo: La araña _____ su tela al aire. (lanzar)

La araña lanza su tela al aire.

1. La araña _____ su telaraña con cuidado. (tejer)
2. Los canguros _____ en el campo. (saltar)
3. Tres lombrices se _____ en la tierra. (arrastrar)
4. Los animales _____ en todas partes del mundo. (vivir)
5. El bebé koala _____ en la espalda de su madre. (viaja)

(págs. 62–63)

3 Pretérito indefinido

Recuerda

- Los verbos en pretérito indefinido indican acciones que ocurrieron en el pasado.

Escribe cada oración cambiando el verbo subrayado al pretérito indefinido.

Ejemplo: Luis estudia los animales del bosque.
Luis estudió los animales del bosque.

1. Luis escribe en su diario.
2. Las marmotas pasean por las praderas.
3. Los patos se acercan a los visitantes.
4. Los encargados alimentan a las marmotas.
5. Las marmotas se esconden en sus túneles.

(págs. 64–65)

4 Pretérito imperfecto

Recuerda

- El pretérito imperfecto es otro tiempo que se usa para indicar que una acción ocurría en el pasado.

Escribe cada oración conjugando en pretérito imperfecto el verbo indicado entre paréntesis.

Ejemplo: Él _____ las plantas. (amar)
Él amaba las plantas.

1. George Washington Carver _____ en una granja. (vivir)
2. Algunas personas lo _____ el "médico de las plantas". (llamar)
3. Él _____ leña para ganar dinero. (cortar)
4. Él _____ todo lo que encontraba sobre las plantas. (estudiar)
5. Él _____ muchos tipos de plantas. (tener)

Recuerda

(págs. 66–67)

5 Futuro

• Para indicar que una acción va a ocurrir en el futuro, los verbos se ponen en tiempo futuro.

Escribe cada oración conjugando en futuro el verbo indicado entre paréntesis.

Ejemplo: Los trozos de hielo _____ lentamente por el río. (flotar)

Los trozos de hielo flotarán lentamente por el río.

1. El lago congelado se _____ en primavera. (derretir)
2. El hielo se _____ en trozos. (romper)
3. Los gansos y los cisnes _____ al lago. (regresar)
4. Nosotros _____ nuestras cañas de pescar. (llevar)
5. Ustedes _____ también en el lago. (pescar)

Recuerda

(págs. 70–71)

6 Los verbos *ser* y *estar*

• Los verbos *ser* y *estar* no indican acción, sino indican quién es o cómo es algo o alguien.
• Las formas del verbo *ser* son muy irregulares.

Escribe cada oración. Subraya la forma de *ser* o *estar* e indica en qué tiempo está.

Ejemplo: Luis era un excursionista.

Luis <u>era</u> un excursionista.   *pretérito imperfecto*

1. Hace muchos años que soy su amigo.
2. Ahora tú estás más fuerte que él.
3. Los cactos estaban muy altos.
4. El estado de Arizona fue donde yo nací.
5. Estuve también en Nuevo México de niño.

(págs. 72–73)

7 Verbos irregulares

Recuerda

- Los verbos irregulares son verbos que tienen una o más formas que no siguen el patrón normal de conjugación.
- La mejor manera de aprender las formas irregulares de los verbos es memorizándolas.

Escribe cada oración con la forma correcta del verbo incorrecto subrayado.

Ejemplo: Carlota <u>vene</u> de Missouri.

Carlota viene de Missouri.

1. Ella le <u>pedió</u> a sus papás que la llevaran al partido.
2. Los miembros del equipo <u>hacieron</u> muchas carreras.
3. Ese bateador <u>juga</u> muy bien.
4. <u>Ponieron</u> los resultados del juego en el periódico.
5. Carlota me <u>dició</u> que le encantó el juego.

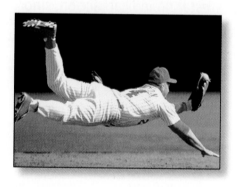

Navega siempre adelante
mi pequeño botecito.
Blancas nubes pasan lentas.
Es un día muy bonito.

Adjetivos y adverbios

1 ¿Qué son los adjetivos?

Para comenzar

Un estudiante escoge un objeto del salón y dice tres palabras que lo describan. Por ejemplo: "El objeto es grande, verde y liso. ¿Qué es?" (el pizarrón)

Quien adivine de qué se trata, escoge el siguiente objeto y el juego continúa.

- **Las palabras que describen a los nombres se llaman adjetivos.** Los adjetivos hacen las oraciones más interesantes. Dan detalles que hacen el significado más claro.

  El **viejo** granero se estaba quemando. (¿Qué tipo de granero?)

  Dos familias trabajaban ahí. (¿Cuántas familias?)

- Los adjetivos en las oraciones anteriores nos dicen qué tipo y qué cantidad.

- Los adjetivos pueden ir antes o después del nombre y siempre se refieren a él.

Inténtalo

En voz alta ¿Cuál es el adjetivo que describe a cada nombre subrayado?

1. Llegaron cinco <u>camiones</u>.
2. Un <u>hombre</u> alto observó el fuego.
3. El <u>edificio</u> vacío se quemó.
4. Muchos <u>bomberos</u> cargaban la manguera.
5. Un <u>humo</u> denso salía por las ventanas.
6. Los <u>bomberos</u> cansados por fin apagaron el fuego.
7. Varias <u>personas</u> ayudaron a los bomberos.

Escribe el adjetivo que describe a cada nombre subrayado.

Ejemplo: Las hojas caen de los <u>árboles</u> frondosos.   *frondosos*

8. El zoológico tiene muchos <u>animales</u>.
9. Una <u>mariposa</u> amarilla volaba sobre las plantas.
10. Dos <u>osos</u> jugaban en la piscina.
11. Alonso escuchó un <u>ruido</u> misterioso.
12. Cuatro <u>elefantes</u> tomaban agua.
13. El <u>recorrido</u> es muy interesante.
14. Vimos algunos <u>tigres</u> durmiendo sobre una roca.
15. Los <u>chimpancés</u> graciosos colgaban de los árboles.

16–22. Este anuncio tiene siete adjetivos que dicen *qué tipo* o *cuántos*. Escribe el anuncio. Subraya los adjetivos.

Ejemplo: Max tiene ojos verdes.   *Max tiene ojos <u>verdes</u>.*

Adopta un gatito

¿Te gustaría tener un gato pequeño? Un gatito cariñoso te necesita. Max tiene pelo gris y un mechón blanco. Es un gato muy simpático. ¿Le darías a Max un hogar feliz? Llama al 555-8002 y llévate un gatito maravilloso.

¡Ahora, a escribir!

ESCRIBIR • PENSAR • ESCUCHAR • HABLAR

DESCRIBIR

Escribe un anuncio

Escribe un anuncio para un animal que necesita un hogar. Incluye adjetivos que digan qué tipo y cuántos. Haz un dibujo del animal, pero no escribas qué animal es. En pequeños grupos, túrnense para leer sus anuncios. Luego, pongan todos los dibujos en una mesa. ¿Quién adivina qué animal va con cada anuncio?

2 Género y número

Escoge adjetivos del cuadro para completar esta adivinanza.

Helicópteros _____,
de _____ y verde ropaje,
de las _____ flores sacan
gasolina para el viaje.

| bellas |
| nerviosos |
| rojo |

(Los colibríes)

- Igual que los nombres, los adjetivos tienen **género** (masculino o femenino) y **número** (singular o plural).

- El adjetivo tiene que **concordar** con el nombre al que describe en género y en número. Es decir, tiene que tener el mismo género y número que el nombre.

AYUDA ? **¡Fíjate!**

Los adjetivos forman el plural igual que los nombres.

Júpiter es un planeta hermoso.
Planeta y *hermoso* ambos están en masculino y singular.

Hoy las estrellas se ven grandotas.
Estrellas y *grandotas* ambos están en femenino y plural.

- La mayoría de los adjetivos forman su femenino en *-a* al final. Pero algunos adjetivos tienen la misma forma en masculino y en femenino.

Júpiter es un planeta enorme.   La luna se ve enorme esta noche.

Inténtalo

En voz alta Lee cada oración con la forma correcta del adjetivo.

1. El planeta Marte es (caliento, caliente).
2. Júpiter tiene (muchos, muchas) satélites.
3. Plutón es el planeta más (lejano, lejana).
4. Se ven unas galaxias (luminosa, luminosas).
5. Urano es muy (fríos, frío).

Escribe cada oración y corrige los adjetivos que están subrayados.

Ejemplo: Me gustan las estrellas fugaz.

Me gustan las estrellas fugaces.

6. Las órbitas planetarios son diferentes.
7. Los planetas menor son los asteroides.
8. El hermosos planeta Venus es mi favorito.
9. Dicen que en Marte hay agua congelado.
10. Aerolitos grande a veces caen a la Tierra.

11–15. Esta lista de características de Júpiter tiene cinco errores de género o número. Escribe las oraciones y corrígelas.

Ejemplo: El día en Júpiter es más corta.

El día en Júpiter es más corto.

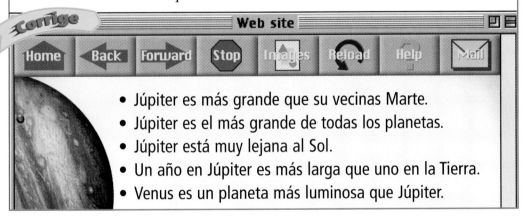

Web site

Home · Back · Forward · Stop · Images · Reload · Help · Mail

- Júpiter es más grande que su vecinas Marte.
- Júpiter es el más grande de todas los planetas.
- Júpiter está muy lejana al Sol.
- Un año en Júpiter es más larga que uno en la Tierra.
- Venus es un planeta más luminosa que Júpiter.

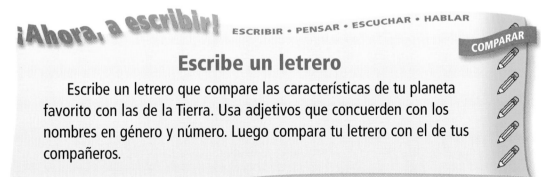

¡Ahora, a escribir!

ESCRIBIR · PENSAR · ESCUCHAR · HABLAR

COMPARAR

Escribe un letrero

Escribe un letrero que compare las características de tu planeta favorito con las de la Tierra. Usa adjetivos que concuerden con los nombres en género y número. Luego compara tu letrero con el de tus compañeros.

Escribir con adjetivos

Ampliar oraciones Los buenos escritores crean imágenes en la mente del lector. Tú puedes hacer lo mismo si incluyes adjetivos que indiquen *qué tipo* o *cuántos*.

El mar está frente al hotel. Nadamos durante horas.

El mar cristalino está frente al hotel. Nadamos durante tres horas.

Aplícalo

1–8. Añade dos adjetivos a cada oración en este álbum de fotos. Guíate por las fotos.

Revisa

¡Marea, sol, arena!

Las olas llegaban a la orilla.

Alana y yo hicimos un castillo con torres.

Un perro me despertó.

Hice un collar de conchas para mi abuela.

Combinar oraciones Puedes hacer que tus escritos fluyan mejor y sean más claros si combinas algunas oraciones. Intenta mover los adjetivos para combinar las oraciones.

Las dos oraciones siguientes hablan sobre un aparato en un parque de diversiones. Puedes combinarlas adaptando el adjetivo *enorme* a la primera oración.

Me subí a un aparato. Era enorme.

Me subí a un **enorme** aparato.

Comprueba que tus oraciones tengan sentido.

Aplícalo

9–12. Revisa este párrafo de un diario. Combina cada par de oraciones subrayadas.

Revisa

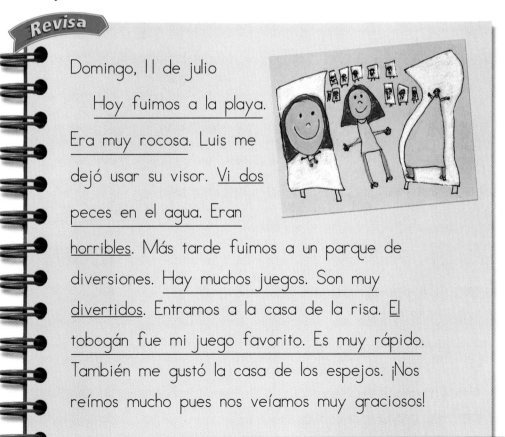

Domingo, 11 de julio

Hoy fuimos a la playa. Era muy rocosa. Luis me dejó usar su visor. Vi dos peces en el agua. Eran horribles. Más tarde fuimos a un parque de diversiones. Hay muchos juegos. Son muy divertidos. Entramos a la casa de la risa. El tobogán fue mi juego favorito. Es muy rápido. También me gustó la casa de los espejos. ¡Nos reímos mucho pues nos veíamos muy graciosos!

3 Adjetivos posesivos

Algo está mal en la nota que su amiga le dio a María. ¿Puedes corregirla?

Amiga de mí:
¿Quieres jugar en casa de ti esta tarde?

- Los **adjetivos posesivos** como *mi, mío, tu* y *tuyo* indican posesión o pertenencia.

- Tienen distintas formas según la persona a la que se refieren y si aparecen antes o después del nombre que describen.

La pelota es mía. Mi mamá me la compró.

Persona	Formas de los adjetivos posesivos	
	Antes del nombre	**Después del nombre**
yo	mi	mío
tú	tu	tuyo
él/ella/usted	su	suyo
nosotros	nuestro	nuestro
vosotros	vuestro	vuestro
ellos/ellas/ustedes	su	suyo

Inténtalo

En voz alta Lee las oraciones y di cuáles son los adjetivos posesivos.

1. Hoy perdió mi equipo favorito.
2. Mi papá y yo fuimos al estadio en nuestro coche.
3. Antes pasamos por su oficina a recoger los boletos.
4. Papá me prestó una camiseta suya.

Escribe las oraciones y complétalas escogiendo la forma correcta del adjetivo posesivo.

Ejemplo: Fuimos a ver a (mío, mi) equipo favorito.
Fuimos a ver a mi equipo favorito.

5. Juan es amigo (mío, mi).
6. Siempre jugamos con un balón que es (su, suyo).
7. (Su, Suyo) papá se lo compró.
8. (Mi, Mis) papás dicen que me van a comprar uno a mí.
9. Juan y yo tenemos (nuestra, nuestro) equipo.
10. Los miembros del equipo (nuestros, nuestro) hacen lo que les dice (su, suyo) capitán.
11. Todos están muy orgullosos de (su, sus) equipo.

12–18. La carta que le mandó Pedro a su amigo Juan tiene siete errores en los adjetivos posesivos. Escríbela nuevamente y corrige los errores.

Ejemplo: Lleva tuyo balón al partido.
Lleva tu balón al partido.

Querido Juan:

El próximo domingo juega nuestra equipo. Mío papá nos llevará en el coche su. Puedes llevar tuyo abrigo porque hará frío. Pasaremos por tus casa a recogerte a las 6:00 p.m. Mi hermano dice que dejó suya camiseta en tus casa.

ESCRIBIR • PENSAR • ESCUCHAR • HABLAR

CREAR

Escribe una carta

Escribe la respuesta de Juan a la carta de Pedro. Añade detalles que hagan tu carta interesante. Usa los adjetivos posesivos que aprendiste. Con tus compañeros, lean y comenten sus cartas.

4 Artículos

Para comenzar

Completa la siguiente rima con las palabras del cuadro.

Pepe, _____ lagarto comilón,
almorzó _____ manzana y _____ avión.

| una |
| un |
| el |

Los **artículos**, al igual que los adjetivos, describen a los nombres. Hay dos clases de artículos: artículos definidos y artículos indefinidos.

	Artículos definidos		Artículos indefinidos	
	Singular	**Plural**	**Singular**	**Plural**
Masculino	el	los	un	unos
Femenino	la	las	una	unas

- Los artículos tienen que concordar en género y número con los nombres a los que describen.

  el lagarto comilón   las manzanas rojas

- Antes de un nombre en singular que empieza con *a* o con *ha* en una sílaba que se pronuncia fuerte, se escribe siempre el artículo *un* o *el*, aunque el nombre sea femenino.

  Incorrecto: una águila, la hacha   **Correcto:** un águila, el hacha

Inténtalo

En voz alta Escoge la forma correcta del artículo.

1. Corté (uno, una) flor del jardín.
2. Éstas son (los, las) flores de mi mamá.
3. Riégalas con (el, la) agua de la manguera.
4. Yo traje (unos, unas) mangos del huerto.

Escribe cada oración completándola con un artículo en su forma correcta.

Ejemplo: Canela es _____ perro inteligente.
Canela es un perro inteligente.

5. Canela tiene _____ plato donde le pongo su comida.
6. _____ ansia de comer siempre lo hace venir corriendo.
7. Canela entiende _____ órdenes que le doy.
8. Un día, Canela encontró un pájaro que tenía _____ ala rota.
9. Ladró cuando vio _____ pájaro.

10–18. En este primer borrador de una composición hay nueve artículos incorrectos. Escribe la composición correctamente.

Ejemplo: Mi perrito Pulgas es la animal más inteligente.
Mi perrito Pulgas es el animal más inteligente.

Corrige

Mi perrito Pulgas

Mi perro Pulgas es uno héroe. Ayer yo estaba en la área del patio que tiene el arena, cuando de pronto apareció un abeja. El abeja me persiguió por todo los patio, y por fin me picó. Pulgas fue ladrando hasta donde estaba el abuela, y ella me llevó a un doctora. La doctora preguntó "¿Quién es la ama de este perrito tan inteligente?" Yo sonreí. ¡Era yo!

¡Ahora, a escribir!

ESCRIBIR • PENSAR • ESCUCHAR • HABLAR

NARRAR

Escribe un relato de la vida real

Describe algo extraordinario que haya hecho algún animal, o simplemente una narración de algo chistoso que pasó con un animal. Usa artículos definidos e indefinidos. En grupos pequeños lean y comparen sus relatos. ¿Notan los artículos?

5 Contracciones

Algo está mal en el recado que Jaime le dejó a su mamá. ¿Puedes ayudarlo?

e-mail

Mamá, regresé de el colegio y fui a el parque. Tenía que llevar los balones de el equipo.

- Cuando a la preposición *a* le sigue el artículo *el*, las dos palabras se juntan para formar la contracción **al**.

  Incorrecto: Esta tarde iré a el cine.

  Correcto: Esta tarde iré al cine.

- Lo mismo ocurre cuando a la preposición *de* le sigue el artículo *el*. Se forma la contracción **del**.

  Incorrecto: Salí de el cine a las 5:00 p.m.

  Correcto: Salí del cine a las 5:00 p.m.

Inténtalo

En voz alta Lee cada oración completándola con la contracción *al* o *del*.

1. Hoy se celebra el día _____ trabajo.
2. Mi mamá me lleva _____ lugar donde trabaja.
3. Su oficina está a tres calles _____ cine.
4. A cuatro calles está la estación _____ metro.
5. En el edificio nos subimos _____ elevador.
6. Mi mamá trabaja en una oficina _____ quinto piso.
7. Desde esa altura hay una hermosa vista _____ centro de la ciudad.

Traiga a sus hijos al trabajo.

Escribe cada oración y complétala con la contracción *al* o *del*.

Ejemplo: Nosotros fuimos ____ parque.
Nosotros fuimos al parque.

8. Invitamos a nuestros padres a la fiesta ____ colegio.
9. Fue en un salón de fiestas cerca ____ parque.
10. Después de la fiesta nos llevaron ____ circo.
11. En el circo conocimos ____ mago.
12. Después del circo fuimos a comer ____ café de la esquina.

13–17. Esta invitación a una fiesta tiene cinco errores de contracciones. Escríbela correctamente.

Corrige

Fiesta

¡Una fiesta!

Ven a la fiesta de el colegio. Habrá payasos y traeremos a el mejor mago de la ciudad. También tendremos a el señor que cuenta historias y a los fabulosos perritos de el circo. Será el día 3 de junio a las 2:00 p.m. en las instalaciones de el colegio.

¡Ahora, a escribir!

ESCRIBIR • PENSAR • ESCUCHAR • HABLAR

CREAR

Escribe una respuesta

Has recibido una invitación para la fiesta del colegio. Ahora escribe una respuesta diciendo que no podrás asistir. Inventa una excusa realista o cómica. Usa las contracciones *al* y *del*. Léele tu respuesta a un compañero y pídele que señale las contracciones que usaste.

6 ¿Qué son los adverbios?

¿Qué palabra de la oración indica cómo se vistió el caballo?

El caballo se vistió elegantemente para visitar a su novia.

- Has aprendido que los adjetivos describen a los nombres. **Las palabras que describen a los verbos se llaman adverbios**.

Luis caminó valientemente hacia el caballo.
(¿cómo caminó?)

Se sentó despacio sobre el caballo.
(¿cómo se sentó)

El caballo esperó tranquilamente.
(¿cómo esperó?)

Repentinamente comenzó a galopar. (¿cómo comenzó a galopar?)

AYUDA
?

¡Fíjate!

La mayoría de los adverbios que dicen *cómo* acaban en -*mente*. (¡Pero no todos!)

- Los adverbios en estas oraciones dicen *cómo* sucedió la acción. Los adverbios pueden ir antes o después del verbo que describen.

Inténtalo

En voz alta ¿Qué palabra de cada oración es un adverbio?

1. El caballo de Luis se portó bien.
2. Repentinamente llegaron a una barda.
3. El caballo saltó la barda ágilmente.
4. Corrió constantemente.
5. Luis acarició cariñosamente al caballo.

Escribe cada oración. Subraya el adverbio que dice *cómo*.

Ejemplo: Los dos viejos hablaron animadamente sobre caballos.
Los dos viejos hablaron <u>animadamente</u> sobre caballos.

6. Caminaron rápidamente hacia el establo.
7. Daisy comió vorazmente la paja.
8. Omi ensilló tranquilamente al caballo.
9. Daisy acarició suavemente a Omi con su nariz.
10. El caballo llevó fácilmente a Omi en su lomo.
11. Daisy marchaba aprisa por el campo.
12. Trotó graciosamente de un lado a otro.

13–19. Este fragmento de un cuento tiene siete adverbios que dicen *cómo*. Escribe el cuento. Subraya los adverbios.

Ejemplo: Elena bajó rápidamente por las escaleras.
Elena bajó <u>rápidamente</u> por las escaleras.

La mañana de su cumpleaños, Elena se frotó los ojos lentamente en la cama. Había dormido mal, porque estaba emocionada, pero ahora se sentía bien. Calmadamente se levantó. Oyó un silbido y corrió hacia la ventana alegremente.

Sus tíos la felicitaron. Un caballo esperaba tranquilamente junto a ellos. Comía el césped despacio.

¡Ahora, a escribir!

ESCRIBIR • PENSAR • ESCUCHAR • HABLAR

NARRAR

Escribe una historia

Escribe una historia sobre algo especial que te haya sucedido. Usa adverbios para describir cómo te hizo sentir. Después léele tu historia a un compañero. ¿Puede identificar los adverbios?

7 Otros tipos de adverbios

Para comenzar

Lee la siguiente oración. ¿Qué palabra indica dónde Camila vive, duerme y hace su tarea?

—Sí —repuso Camila—, pero éste es mi cuarto, aquí vivo, aquí duermo, aquí hago la tarea y aquí, en este cajón, guardo mis flores secas.

—tomado de *El agujero negro*, de Alicia Molina

Los adverbios explican *cómo* sucede una acción. También pueden decir *cuándo* y *dónde* sucede.

Cuándo: Ayer mi familia manejó hasta la Florida.

Dónde: Llegamos ahí en la noche.

Adverbios que dicen cuándo		Adverbios que dicen dónde	
siempre	pronto	adelante	aquí
primero	entonces	alrededor	cerca
después	hoy	lejos	afuera
luego	mañana	ahí	encima
ayer	tarde	arriba	abajo

Inténtalo

En voz alta ¿Cuál es el adverbio en cada oración? ¿Dice *dónde* o *cuándo*?

1. Mi papá siempre nos lleva de viaje.
2. El mapa no estaba arriba.
3. Buscó dentro del coche.
4. Después buscó en la cochera.
5. Mi papá comprará otro mapa mañana.

Escribe cada oración y subraya el adverbio. Después de cada oración, escribe *cuándo* o *dónde.*

Ejemplo: Llegamos pronto al hotel.   *Llegamos <u>pronto</u> al hotel. cuándo*

  6. Fuimos arriba y desempacamos las maletas.
  7. Después nos fuimos a una visita guiada.
  8. Primero visitamos la famosa jungla de los monos.
  9. Muchos monos pequeños jugaban ahí.
 10. Sus madres dormían cerca.
 11. Siempre me detenía a tomar fotos.

12–17. Este itinerario tiene seis adverbios que dicen *dónde* o *cuándo.* Cópialo y subraya los adverbios.

Ejemplo: Ayer llegamos a Brasil.
          <u>Ayer</u> llegamos a Brasil.

 ◆ Hoy visitaremos la ciudad de Río de Janeiro.
 ◆ Nos levantaremos temprano para poder verlo todo.
 ◆ Primero iremos al Museo Nacional de Bellas Artes.
 ◆ Después visitaremos otros museos.
 ◆ Comeremos en el hotel cerca de la playa de Copacabana.
 ◆ Veremos plantas tropicales mañana en el Jardín Botánico.

¡Ahora, a escribir!

ESCRIBIR • PENSAR • ESCUCHAR • HABLAR

INFORMAR

Escribe un itinerario

Piensa en cuatro o cinco lugares que visitarán en tu ciudad unos parientes que vienen de fuera. Usa los adverbios del cuadro de la página 98. Compara tu itinerario con los de tus compañeros. ¿Pensaron en los mismos lugares? ¿Escribió tu compañero cosas que hacer y ver similares a las tuyas?

Escribir con adverbios

Ampliar oraciones Ya sabes que los adverbios dicen *cómo, cuándo* y *dónde* sucede algo. Puedes dar más información en tus oraciones añadiendo adverbios.

Hablamos del viaje.   Hablamos animadamente del viaje.

Hicimos las maletas.   Hicimos cuidadosamente las maletas.

Muchas veces puedes escoger dónde poner el adverbio.

Pronto estaremos volando.   Estaremos volando pronto.

Mañana iremos de compras.   Iremos de compras mañana.

Aplícalo

1–6. Revisa este fragmento de una narración añadiendo un adverbio a cada oración. Si quieres, puedes usar los adverbios del cuadro. Escribe el nuevo párrafo.

animadamente	rápidamente	realmente	verdaderamente
lentamente	pronto	después	finalmente
tarde	nunca	siempre	delante

Revisa

Un vuelo

¡Mira, estoy volando!

Nos subimos al avión. Los motores echaron a andar. El avión corrió por toda la pista y se elevó en el aire. Me latía el corazón y sentía mariposas en el estómago. Me relajé cuando el vuelo se estabilizó. ¡Me encantó el viaje!

Combinar oraciones Si combinas algunas oraciones cortas, tus escritos tendrán más fluidez. Puedes combinar dos oraciones añadiendo un adverbio.

Visitaremos el mercado.
Lo visitaremos después.
} Visitaremos el mercado después .

¡Me encantan las oraciones fluidas!

Aplícalo

7–10. Revisa este folleto. Combina cada par de oraciones cortas.

Revisa

Mercado al aire libre

La gente vende sus productos en un mercado. Los venden afuera. Puedes oler comida deliciosa. Puedes olerla siempre.

Los clientes miran los productos. Los miran cuidadosamente.

Los clientes buscan la mejor calidad. Siempre quieren la mejor calidad.

1 **¿Qué son los adjetivos?** *(pág. 84)* Escribe cada oración. Subraya los adjetivos que dicen *qué tipo* o *cuántos*.

1. Kim leía una historia sobre una niña pequeña.
2. La chica fue levantada por un viento fuerte.
3. Se encontró con varios personajes.
4. Tres hombres la ayudaron a encontrar su casa.

2 **Género y número** *(pág. 86)* Escribe cada oración con la forma correcta del adjetivo.

5. Júpiter es el planeta más (grande, grandes).
6. Plutón es el planeta más (lejano, lejana) del Sol.
7. Esa estrella (amarilla, amarillo) está muy lejos.
8. Desde aquí, esas galaxias se ven (pequeña, pequeñas).

3 **Adjetivos posesivos** *(pág. 90)* Escribe cada oración con la forma correcta del adjetivo posesivo.

9. El fútbol es uno de (mis, mi) deportes favoritos.
10. Este balón no es (tuyo, tu), es de Pedro.
11. (Mi, Mío) uniforme es azul.
12. Ayer perdí (mis, míos) calcetines.

4 **Artículos** *(pág. 92)* Escribe cada oración con el artículo correcto.

13. Sally Ride fue _____ primera mujer americana en el espacio.
14. Ella es _____ astronauta.
15. Mi papá compró _____ telescopio.
16. Vimos _____ águila con nuestro nuevo telescopio.

5 **Contracciones** *(pág. 94)* Escribe cada oración y complétala con la contracción *al* o *del*.

17. Esta maleta es _____ cartero.
18. Mi papá viene _____ trabajo.
19. Me subí _____ naranjo.
20. Está en el terreno _____ vecino.

6 ¿Qué son los adverbios? *(pág. 96)* Subraya el adverbio que dice *cómo*.

21. Las luces resplandecían brillantemente en el patio.

22. Me asomé silenciosamente al patio.

23. Algunas personas cantaban alto.

24. Alegremente me invitaron a su casa.

7 Otros tipos de adverbios *(pág. 98)* Subraya el adverbio que dice *cúando* o *dónde*.

25. El Sr. Marullo lava su auto hoy.

26. Yo estoy cerca y lo observo.

27. El agua salpica lejos.

28. El Sr. Marullo siempre acaba mojado.

Repaso mixto 29–33. Este texto tiene cinco errores en adjetivos, artículos y adverbios. Escríbelo correctamente.

Lista de control: Corregir

Comprueba:

✔ los adjetivos posesivos

✔ la concordancia entre adjetivos y nombres

Aves de rapiña

La gente piensa que el búho es la ave más inteligente. No es verdad, aunque suyos ojos grandes lo hagan parecer muy sabio. Los búhos son excelente cazadores porque ven perfecto por la noche.

Escuchan los ruidos que hacen sus presas y las atrapan por sorpresa.

Hay muchas clases de búhos. El búho enano es el más pequeña y el gran búho gris es el más grande.

Búho enano

Examen de práctica

Escribe los números 1–2 en una hoja de papel. Lee el pasaje y busca las partes subrayadas y numeradas. Estas partes pueden ser:

- oraciones incompletas
- uniones incorrectas
- oraciones correctas que se deben combinar
- oraciones correctas que no requieren ningún cambio

Escoge la mejor manera de escribir cada parte subrayada y escribe la letra de la respuesta. Si no hace falta ninguna corrección, escribe la letra de "Oraciones correctas".

Laura y sus dos amigas se reunirán para jugar. Las dos llegarán
(1)
temprano ¿qué juego divertido querrán jugar? Laura piensa y luego
decide. Les gusta jugar a las muñecas. Les gusta jugar a las
(2)
escondidas. ¡Se divertirán mucho!

1 **A** Las dos llegarán temprano qué juego divertido querrán jugar.

    B Las dos llegarán temprano. Qué juego divertido querrán jugar.

    C Las dos llegarán temprano. ¿Qué juego divertido querrán jugar?

    D Oración correcta

2 **F** Les gusta jugar a las muñecas y a las escondidas.

    G Les gusta jugar a las muñecas. A las escondidas.

    H Les gusta jugar a las muñecas, les gusta jugar a las escondidas.

    J Oraciones correctas

Ahora escribe los números 3–8 en tu hoja. Lee el pasaje y escoge la mejor palabra o el mejor grupo de palabras para cada espacio en blanco. Escribe la letra de la respuesta correcta.

El señor López nos pidió que formáramos una fila por estatura. Quería saber quién era el más alto o la más alta de la clase. Todos nos formamos ___(3)___. Los tres ___(4)___ quedaron al final de la fila. El maestro nos midió con ___(5)___. Julieta es más alta que Mariana. Mariana es más alta que Daniel. Luego el maestro aplastó con cuidado el cabello de Julieta. ___(6)___ es muy rizado y por eso parece más alta de lo que es. Se hizo silencio en ___(7)___. Mariana resultó ser la más alta ___(8)___.

3 **A** rápido
   B veloz
   C rápidamente
   D rápida

4 **F** niños más alto
   G niños más altos
   H niño más altos
   J niño más alto

5 **A** una cinta métrica
   B un cinta métrica
   C el cinta métrica
   D uno cinta métrica

6 **F** Suyo cabello
   G Sus cabello
   H Su cabello
   J Su cabellos

7 **A** la aula
   B el aula
   C él aula
   D lá aula

8 **F** a el grupo
   G al grupo
   H del grupo
   J de el grupo

Unidad 1: La oración

Cuatro tipos de oraciones *(págs. 14, 16)* Escribe correctamente cada oración.

1. qué tipo de perro tienes
2. María tiene un pastor alemán
3. observa su cola
4. qué rápido se mueve

Sujeto y predicado *(págs. 18, 20)* Escribe cada grupo de palabras que sea una oración. Traza una línea entre el sujeto y el predicado. Si el grupo de palabras no es una oración, escribe *no es oración*.

5. Luis arma modelos de coches.
6. Su hermana Nicole.
7. El clima es lluvioso.
8. Ellos juegan juntos.
9. La lluvia fresca.

Unidad 2: Nombres

Nombres comunes y nombres propios *(pág. 36)*
Escribe cada nombre y di si es *propio* o *común*.

10. Mi tío vive en Texas.
11. El tío Pepe es dueño de un rancho.
12. Su familia cría ganado.
13. Marcos hizo un viaje allá.
14. Gina mandó unas fotografías.
15. ¡La ciudad de Dallas parece increíble!

Nombres masculinos y femeninos
(pág. 42) Escribe *M* o *F* para indicar si cada nombre es *masculino* o *femenino*.

16. toro
17. árbol
18. pie
19. mano
20. reina
21. rana
22. sapo
23. poema
24. alegría

Nombres en singular y plural *(págs. 44, 46)* Escribe el plural de cada uno de los siguientes nombres.

25. ejercicio
26. lunes
27. pared
28. luz
29. colibrí
30. sofá

Unidad 3: Verbos

¿Qué son los verbos? *(pág. 58)* Escribe cada verbo.

31. El señor López ara la tierra.
32. La señora López repara el tractor.
33. Julio pone la cosecha en el camión.
34. Eso toma mucho tiempo.
35. Ellos trabajan muy duro.

Verbos en pretérito *(pág. 62)* Conjuga estos verbos en el pretérito.

36. cantar   37. comer   38. escribir

Verbos en imperfecto *(pág. 64)* Conjuga estos verbos en el imperfecto.

39. vender   40. mirar   41. vivir

Verbos irregulares *(pág. 72)* Escribe cada oración con la forma correcta del verbo.

42. Yo (teno, tengo) monedas antiguas.
43. Tendré que conseguir una caja más grande cuando no me (caban, quepan) en ésta.
44. (Soño, Sueño) con descubrir una gran colección perdida.
45. (Volvo, Vuelvo) a meter las monedas en su caja.

Unidad 4: Adjetivos y adverbios

Adjetivos *(pág. 84)* Escribe los adjetivos.

46. Algunos obreros están arreglando el camino.
47. Llevan chaquetas y guantes protectores.
48. Una mujer conduce una máquina pesada.
49. La máquina mueve mucha tierra.
50. Puedo oír el ruidoso taladro.

Género y número *(pág. 86)* Escribe las oraciones corrigiendo los adjetivos subrayados.

51. Martha es muy <u>alto</u>.
52. Las lecciones más <u>entretenidos</u> son ciencias y cocina.
53. Hoy es un día muy <u>nublada</u>.
54. Los pájaros son <u>hermosas</u>.
55. Al coche <u>verdes</u> se le ponchó la llanta.

Artículos y contracciones *(págs. 92, 94)* Escribe cada oración escogiendo el artículo o la contracción correcta.

56. Ayer fue (un, una) día muy lluvioso.
57. Toño es (el, un) mejor atleta.
58. Va (pal, al) parque a practicar todos los días.
59. El martes me comí (unos, unas) pasteles.
60. Siento en (la, el) alma lo que te pasó.

Adverbios *(págs. 96, 98)* Escribe los adverbios.

61. Ayer Sam fue a velear.
62. El viento sopló maravillosamente.
63. Sam pasó cerca de un buque.
64. Sopló tanto el viento que tuvo que regresar.
65. Desafortunadamente se tuvo que cancelar la carrera.

(págs. 84–85)

Recuerda

1 ¿Qué son los adjetivos?

- Un adjetivo describe un nombre.
- Algunos adjetivos dicen *qué tipo* o *cuántos*.

Escribe cada oración. Subraya el adjetivo que dice *qué tipo* o *cuántos*.

Ejemplo: Gina y yo cargamos las tres maletas pesadas.
Gina y yo cargamos las <u>tres</u> maletas <u>pesadas</u>.

1. Las metimos en el coche verde.
2. Llegamos pronto al gran aeropuerto.
3. Muchos aviones ruidosos aterrizaban en las pistas.
4. Le entregamos los dos boletos a un hombre joven.
5. El avión despegó con tremendo estruendo.

(págs. 86–87)

Recuerda

2 Género y número

- El adjetivo tiene que concordar con el nombre al que describe en género *(masculino* o *femenino)* y número *(singular* o *plural)*.

Escribe cada oración y corrige los adjetivos que están subrayados.

Ejemplo: Dicen que los marcianos son <u>verde</u>.
Dicen que los marcianos son verdes.

1. Mercurio es más <u>pequeñas</u> que la Tierra.
2. Plutón es el más <u>fríos</u> de los planetas.
3. Júpiter es muy <u>colorida</u>.
4. Marte, el planeta <u>roja</u>, está junto a la Tierra.
5. Venus es una estrella <u>brillanta</u>.

3 Adjetivos posesivos

Práctica adicional

(págs. 90–91)

3 Adjetivos posesivos

 Recuerda

- Los adjetivos posesivos indican posesión o pertenencia.
- Tienen distintas formas según si aparecen antes o después del nombre que describen.

Escribe las oraciones y complétalas usando la forma correcta del adjetivo posesivo.

Ejemplo: (Mi, Mío) equipo ganó el torneo del año pasado.
Mi equipo ganó el torneo del año pasado.

1. El avión rojo es (nuestra, nuestro) favorito.
2. Ayudo a Julián a armar (suyo, su) modelo.
3. Enrique nos prestó las herramientas (sus, suyas).
4. Todos los miembros del club tienen (su, suyo) propio avión.
5. (Tuyo, Tu) modelo de avión ganó segundo lugar. El (mío, mis) ganó tercer lugar.

(págs. 92–93)

4 Artículos

 Recuerda

- Los artículos definidos son *el, la, los, las.*
- Los artículos indefinidos son *un, una, unos, unas.*

Escribe cada oración escogiendo la forma correcta del artículo.

Ejemplo: Walt Disney fue (un, uno) artista.
Walt Disney fue un artista.

1. Él quería (un, una) animal especial para su caricatura.
2. Disney dibujó (el, la) caricatura de Mickey.
3. (Los, Las) primeras películas de Mickey salieron en 1928.
4. En una película, Mickey está en (uno, un) barco.

(págs. 94–95)

5 Contracciones

- a + el = al
- de + el = del

Recuerda

Escribe cada oración y complétala con *al* o *del*.

Ejemplo: Tengo que ir _____ dentista. *Tengo que ir al dentista.*

1. María fue _____ parque con su mamá.
2. Después fueron _____ mercado.
3. Su papá las encontró a su regreso _____ trabajo.
4. Su hermano Vicente fue _____ cine.
5. De regreso a casa lo recogieron en la estación _____ metro.

(págs. 96–97)

6 ¿Qué son los adverbios?

- Los adverbios describen un verbo.
- Muchos adverbios dicen cómo. La mayoría de éstos terminan en *-mente*.

Recuerda

Escribe cada oración. Subraya el adverbio que dice *cómo*.

Ejemplo: Las garzas vuelan tranquilamente.
        Las garzas vuelan tranquilamente.

1. Los polluelos de las garzas salen lentamente del huevo.
2. A veces las cosas andan mal.
3. Los científicos trabajan bien con estas aves.
4. Cuidadosamente ponen los huevos en otro nido.
5. Otra garza empolla exitosamente el huevo.

(págs. 98–99)

7 Otros tipos de adverbios

- Los adverbios pueden indicar también *cuándo* o *dónde* sucede una acción.

Recuerda

Escribe cada oración. Subraya el adverbio que indica *cuándo* o *dónde*.

Ejemplo: Los hermanos Wright siempre hablaban de aviones.

Los hermanos Wright <u>siempre</u> hablaban de aviones.

1. Pronto construyeron uno.
2. Entonces los hermanos probaron el avión.
3. El avión voló alrededor por un breve momento.
4. Hoy los aviones viajan velozmente.
5. Pueden volar lejos.

La Estatua de la Libertad se encuentra en la isla de Ellis, en el puerto de Nueva York. El pueblo de Francia le regaló la estatua al pueblo de los Estados Unidos en 1884.

Ortografía y puntuación

1 Oraciones correctas

Cada estudiante recibe una tarjeta con un signo de puntuación. Todos se ponen de pie y un voluntario dice una oración. Los que tienen tarjetas con el signo que va con esa oración deben levantar sus tarjetas. Quien tenga la tarjeta correcta pero no la levante deberá sentarse. Los ganadores serán los estudiantes que queden de pie después de varias rondas.

Todas las oraciones comienzan con mayúscula. Todas terminan con punto o aparecen entre signos de exclamación o interrogación.

- Termina una declaración con un punto.

    Escribiré mi informe de ciencias en la computadora.

- Comienza y termina una pregunta con ¿?

    ¿Sobre qué vas a escribir?

- Termina un mandato con un punto.

    Imprime el informe ahora.

- Comienza y termina una exclamación con ¡!

    ¡Qué rápido trabaja!

 ¡Fíjate!

Revisa siempre tu escrito para evitar uniones incorrectas.

Inténtalo

En voz alta ¿Cómo escribirías cada oración correctamente?

1. mira estos juegos de computadora
2. este juego es fabuloso
3. qué juego puedo probar en tu computadora
4. el primer nivel es fácil
5. mira cómo salgo del laberinto

Por tu cuenta

Escribe cada oración correctamente.

Ejemplo: qué es la Internet *¿Qué es la Internet?*

6. la Internet es una red de computadoras
7. miles de redes más pequeñas están conectadas a la Internet
8. en la Internet puedes encontrar todo tipo de información
9. cómo puedo conectar mi computadora a la Internet
10. consigue un módem
11. el módem nos conecta a la Internet por medio de líneas telefónicas

12–18. A esta entrevista le faltan tres mayúsculas y cuatro signos de puntuación. Escribe la entrevista correctamente.

Ejemplo: Reportero: cuántos años tienes
Reportero: ¿Cuántos años tienes?

¡Óscar pierde frente a la niña prodigio del tercer grado!

Reportero: acabas de ganarle en ajedrez a la computadora más inteligente del mundo. Cómo te sientes

Tamika: Me siento feliz!

Reportero: nunca nadie le gana a Óscar. ¿Cómo lo hiciste? dinos tu secreto.

Tamika: No puedo decirlo frente a Óscar Quizás me gane la próxima vez.

ESCRIBIR • PENSAR • ESCUCHAR • HABLAR

PERSUADIR

Escribe una carta

Quieres probar el nuevo juego de computadora *Laberinto de letras*. Escribe una carta para convencer a tu maestro que este juego sería bueno para la clase. Usa los cuatro tipos de oraciones. Léele tu carta a un compañero y dale la entonación apropiada a cada tipo de oración. ¿Usaste buenos argumentos?

Escribir oraciones correctas

Escribir distintos tipos de oraciones Sabes que las oraciones pueden ser declaraciones, preguntas, mandatos o exclamaciones. Haz que tu escrito sea interesante mezclando los cuatro tipos de oraciones.

El primer párrafo sólo tiene declaraciones. Las exclamaciones, preguntas y mandatos hacen más interesante el segundo párrafo.

Aprender palabras nuevas lleva tiempo. Hay una manera segura de alcanzar el éxito. Puedes probar el juego de computadora Mem O. Risa.

¡Aprender palabras nuevas lleva tiempo! ¿Hay alguna manera segura para tener éxito? Prueba el juego de computadora Mem O. Risa.

Aplícalo

1–6. Vuelve a escribir este letrero de un tablero de anuncios. Cambia cada declaración subrayada por otro tipo de oración. La palabra entre ( ) te indica el tipo de oración que debes escribir.

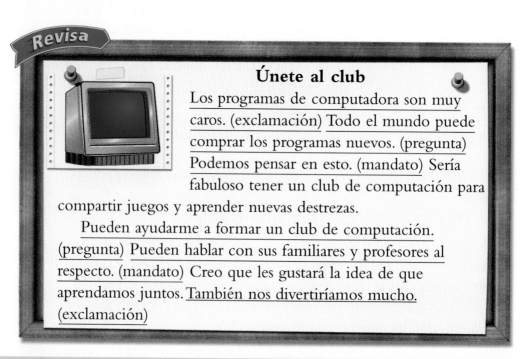

Revisa

Únete al club

Los programas de computadora son muy caros. (exclamación) Todo el mundo puede comprar los programas nuevos. (pregunta) Podemos pensar en esto. (mandato) Sería fabuloso tener un club de computación para compartir juegos y aprender nuevas destrezas.

Pueden ayudarme a formar un club de computación. (pregunta) Pueden hablar con sus familiares y profesores al respecto. (mandato) Creo que les gustará la idea de que aprendamos juntos. También nos divertiríamos mucho. (exclamación)

Combinar oraciones Sabes que las palabras *y, o* y *pero* pueden usarse para unir oraciones completas. También puedes usar *porque, antes, después, cuando* y *mientras*.

Practiqué en un mapa. Memoricé los cincuenta estados.
Practiqué en un mapa después de memorizar los cincuenta estados.

Mi hermano y yo jugamos en la computadora. Hicimos la tarea.
Mi hermano y yo jugamos en la computadora antes de hacer la tarea.

Aplícalo

7–10. Vuelve a escribir los pies de cada dibujo. Une las oraciones con la palabra que está entre paréntesis ( ).

Revisa

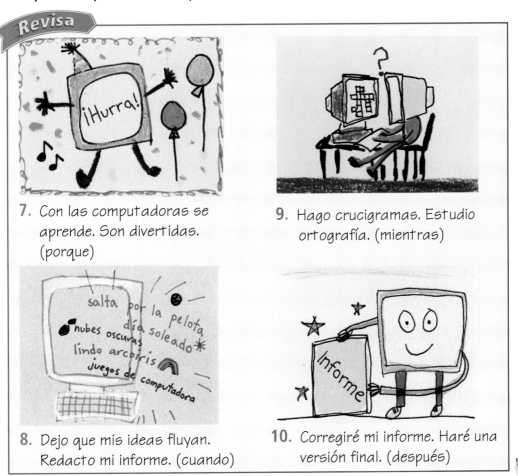

7. Con las computadoras se aprende. Son divertidas. (porque)

8. Dejo que mis ideas fluyan. Redacto mi informe. (cuando)

9. Hago crucigramas. Estudio ortografía. (mientras)

10. Corregiré mi informe. Haré una versión final. (después)

2 Mayúsculas en los nombres propios

Para comenzar

Don Radio
Arthur Dorros

Lee la siguiente oración. Busca todos los nombres. ¿Cuáles son nombres propios? ¿Cuáles son nombres comunes?

La mamá, el papá y Alicia, la hermanita de Diego, ya estaban esperando en el asiento delantero del camión.

—tomado de *Don Radio*, de Arthur Dorros

Hay muchos tipos de nombres propios. Los nombres propios siempre comienzan con mayúscula.

- Comienza el nombre de una persona con mayúscula.

    Luis López   tío Henry   Rosa L. Martínez

- Comienza el nombre de un animal con mayúscula.

    Pecas   Manchita   Canela

- Comienza el nombre de un lugar específico con mayúscula. Fíjate que sólo la parte "propia" de un nombre geográfico va con mayúscula.

    río Nilo   Texas   lago Erie   Chile

- Comienza con mayúscula cada palabra importante del nombre de un día festivo.

    Cuatro de Julio   Día de Acción de Gracias

Inténtalo

En voz alta ¿Qué nombres deben comenzar con mayúscula?

1. Fuimos de vacaciones a california.
2. Nos visitó mi tía elena.
3. Llegó con mi prima julia.
4. Trajo a su perro, ladrón.
5. Hacen un asado el día del trabajo.

Escribe cada oración correctamente.

Ejemplo: Nací en estados unidos.   *Nací en Estados Unidos.*

6. Nací el día de la bandera.
7. Mi ciudad se llama san antonio.
8. Mi casa está en la calle maine.
9. ¿Mordisqueó chato algunas invitaciones?
10. He viajado por el río nilo.
11. Fui a una ciudad llamada giza.
12. Espero que la tía petra pueda venir a mi fiesta.

13–19. Este informe tiene siete errores en el uso de las mayúsculas. Escríbelo correctamente.

Ejemplo: Mi hermana emma estuvo en arizona.
　　　　　Mi hermana Emma estuvo en Arizona.

Así es Phoenix

El sol brilla en phoenix trescientos días al año. Se puede nadar en el lago apache, donde desemboca el río salt. En el parque papago se puede andar en bicicleta e ir de pesca. Estuvimos allí el fin de semana del cuatro de julio y vimos los fuegos artificiales. Mi hermana paquita y yo quedamos encantadas con esta ciudad.

¡Ahora, a escribir!

ESCRIBIR • PENSAR • ESCUCHAR • HABLAR

EXPLICAR

Escribe una explicación

Escribe un párrafo sobre tu ciudad favorita. Explica por qué es tu favorita. Incluye el nombre de la ciudad y del estado, y el nombre de las personas que conoces ahí. Luego, léele tu explicación a un compañero y comparen los lugares que escogieron.

3 Abreviaturas

Para comenzar

Lee la siguiente oración. ¿Qué palabra representan las letras *Ud.*?

Si Ud. me dejara llevar hoy la jaula, le prometo seguirle trayendo pececitos.

—tomado de *La jaula dorada*, de Alma Flor Ada

- **Una abreviatura es una manera corta de escribir una palabra, sin poner todas sus letras.** Muchas abreviaturas terminan con un punto.

Títulos	Sr.	señor	Srta.	Señorita	Dr.	doctor
	Sra.	señora	Lic.	licenciado	Dra.	doctora
Direcciones	Avda.	Avenida	dcha.	derecha	N	Norte
	Blvar.	Bulevar	izqda.	izquierda	S	Sur
Varios	Cía.	Compañía	depto.	departamento	P. D.	posdata
			etc.	etcétera		
Estados	AL	Alabama	MA	Massachusetts	FL	Florida

Inténtalo

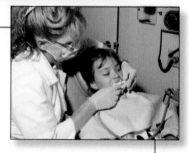

En voz alta ¿Cómo escribirías cada nombre y abreviatura correctamente?

1. srita. Rosa Santos
2. sr. Ángel Lugo
3. dra. Ana Nuncio
4. sra Luisa Díaz

Por tu cuenta

Escribe la abreviatura de cada palabra subrayada.

5. <u>Doctor</u> F. Grajales
6. <u>Señora</u> Luisa Castelán
7. <u>avenida</u> Juárez
8. La <u>señorita</u> Smith

Estilo/Uso

4 Títulos de libros

Para comenzar

Mira el dibujo. ¿Sobre qué crees que trate el libro? Inventa un título interesante para el libro.

Cuando escribas el título de un libro, comienza la primera palabra del título con mayúscula. Siempre subraya el título de un libro.

Ana tiene el libro <u>Gatos finos</u>.   Mi hermana leyó <u>Juana y su prima</u>.

Inténtalo

En voz alta ¿Cómo escribirías estos títulos?

1. atrapado en el hielo
2. el intercambio de regalos
3. dos días de mayo
4. juan castaña

Por tu cuenta

5–10. Escríbe correctamente esta lista de libros.

Ejemplo: caperucita roja   *Caperucita Roja*

un domingo feliz	El trapo parlanchín	henry y Ribsy
juegos de manos	<u>la balada de Mulán</u>	María y Carina

ESCRIBIR • PENSAR • ESCUCHAR • HABLAR

RESUMIR

Escribe resúmenes de libros

Escribe en varias tarjetas los títulos de libros que te gusten. Luego, escribe un par de oraciones acerca de lo que trata cada libro. Trabaja con un compañero y asegúrense de que escribieron los títulos de los libros correctamente. Mantengan un fichero con los resúmenes.

Práctica adicional: página 152

Títulos de libros   **121**

5 Comas en una serie

Para comenzar

Lee la oración. ¿Cuáles son los ingredientes? ¿Cómo se separan en la oración?

Se hace con chícharos, anacardos, pasas, muchas especias y un arroz especial llamado basmati.

—tomado de *Todos cocinan con arroz*, de Norah Dooley

La coma le indica al lector dónde debe hacer una pausa. La coma también ayuda a aclarar el significado de una oración.

Cuando haces una lista de tres o más cosas en una oración, la lista forma una serie. Usa comas para separar las cosas de una serie. Entre la penúltima y la última cosa, pon la palabra **y**, sin coma.

Incorrecto: Lisa María Juan y Javier cumplen años en mayo.

Correcto: Lisa, María, Juan y Javier cumplen años en mayo.

En la primera oración, no queda claro cuántos niños cumplen años. En la segunda, se puede ver que cuatro chicos distintos cumplen años. Las comas ayudan a aclarar el significado de la oración.

Incorrecto: Mike pidió zapatos juguetes y un perrito.

Correcto: Mike pidió zapatos, juguetes y un perrito.

Inténtalo

En voz alta ¿Dónde deben ir las comas en cada oración?

1. Carlos Brian y Nicole vinieron a mi fiesta.
2. Había sándwiches jugo y galletas.
3. Hay más fiestas en junio julio y agosto.

Escribe cada oración. Pon las comas en donde sea necesario.

Ejemplo: Visité a mi abuela el viernes el sábado y el domingo.
Visité a mi abuela el viernes, el sábado y el domingo.

4. Me encontré allí a mamá a papá y a Juan.
5. El tío Jack Matt y Emily vinieron el domingo.
6. Fui al parque con Juan Emily y Matt.
7. Emily llevó una pelota bates y guantes.
8. Juan buscó conejos pájaros y ardillas.

9–15. En esta lista faltan siete comas. Escribe la lista correctamente.

Ejemplo: En la caja hay hilos encajes y listones.
En la caja hay hilos, encajes y listones.

Corrige

Tesoros en el desván

- En la maleta roja hay vestidos camisas y sombreros.
- En las cajas grandes hay libros, folletos revistas y periódicos.
- En la caja azul hay cartas del abuelo la abuela Luis y María.
- Hay unas jarras llenas de piedras conchas y monedas.
- En el baúl hay juguetes juegos muñecas y canicas.

¡Ahora, a escribir!

ESCRIBIR • PENSAR • ESCUCHAR • HABLAR

INFORMAR

Haz una lista

Escribe oraciones que expliquen qué cosas se guardan en los gabinetes, armarios y cajones de tu salón de clases. Incluye una serie de tres o más cosas en cada oración. Léele tus oraciones a un compañero y comprueben que usaron las comas correctamente.

6 Más usos de las comas

Para comenzar

Lee las siguientes oraciones. ¿Cuál está correcta?

Sí la pintura es mi pasatiempo favorito.
No, no creo que sea muy difícil.

Usa una coma después de palabras como *sí, no, bien, ahora, primero, segundo, luego* y *finalmente* que aparecen al principio de una oración. También usa comas para separar el nombre de una persona a quien se habla directamente.

Sí, me encanta pintar.   Oye, Pedro, ten cuidado.

Inténtalo

En voz alta ¿Dónde van las comas?

1. Bueno la puerta está lista.
2. No aún no la pintan.
3. Primero se derramó la pintura.
4. ¡Qué mala suerte Pedro!

Por tu cuenta

Escribe las oraciones poniendo comas donde sean necesarias.

Ejemplo: Bueno yo puedo ayudar a pintar.
Bueno, yo puedo ayudar a pintar.

5. Primero tenemos que hacer la tarea.
6. Sí pero antes debemos comer.
7. Luis ayúdame con esto.
8. Finalmente se fueron todos a su casa.

7 Comillas

Para comenzar

¿Cuáles fueron las palabras exactas del ratón? ¿Cómo lo sabes?

"Por favor, Su Majestad", rogó el ratón, "no me coma."

- Las comillas (" ") se usan para encerrar una cita: lo que dice alguien o lo que está copiado directamente de otro lugar.

  Su libro de ciencias dice: "Mezcla las sustancias".

- También se usan para citar los títulos de artículos, canciones y poemas.

  Juana Escudero escribió el poema "Girasoles".

Inténtalo

En voz alta ¿Dónde van las comillas en cada oración?

1. En su artículo Actividades para niños, Ajug Gar dice: A los niños les encantan los terrarios.
2. María pensaba: Mañana no iré con mamá.
3. A Jorge se le ocurrió: ¿Y si le pido sólo dos dulces?

Por tu cuenta

Escribe cada oración poniendo las comillas donde corresponden.

Ejemplo: Ni pensarlo, dijo Luis.   *"Ni pensarlo", dijo Luis.*

4. Juanita pensaba: Las leyendas populares son interesantes.
5. Luis tituló su artículo El tercer mundo.
6. Mi programa favorito es La pantera rosa.

Escribir oraciones correctas

Combinar oraciones para formar una serie Los buenos escritores combinan oraciones para formar oraciones más largas y fluidas. Cada una de las siguientes oraciones cortas tiene un nombre que dice qué hicieron los niños. Al poner esos nombres en una serie, se forma una oración fluida.

Los niños hicieron tarjetas.
Los ninos hicieron regalos.
Los ninos hicieron adornos.

Los ninos hicieron tarjetas, regalos y adornos.

No olvides usar las comas correctamente.

Aplícalo

1–4. Vuelve a escribir el poema que aparece en la tarjeta. Combina cada grupo de oraciones subrayadas para formar una nueva.

Revisa

¡Feliz cumpleaños, Abuela!

La abuela es tan dulce como la miel.
Es inteligente. Es amable. Es fiel.

Es la mejor abuela del mundo.
Siento amor fuerte. Siento amor intenso. Siento amor profundo.

Me gusta estar con ella todo el día.
¡Qué risa! ¡Qué encanto! ¡Qué alegría!

De todas las personas es la mejor.
Me da regalos. Me da abrazos. Me da todo su amor.

Has aprendido cómo hacer oraciones más fluidas formando series. Se pueden formar series con palabras individuales o con grupos de palabras.

Nosotros jugamos.
Nosotros pintamos.
Nosotros leemos.

Nosotros jugamos, pintamos y leemos.

Había grandes sándwiches.
Había varias ensaladas.
Había dos pasteles.

Había grandes sándwiches, varias ensaladas y dos pasteles.

Aplícalo

5–8. Vuelve a escribir este mensaje de correo electrónico. Combina cada grupo de oraciones subrayadas para formar una oración nueva.

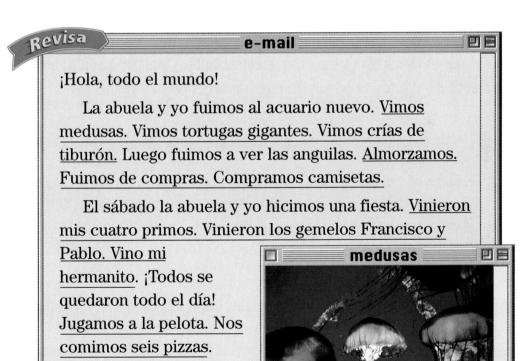

Revisa

e-mail

¡Hola, todo el mundo!

La abuela y yo fuimos al acuario nuevo. <u>Vimos medusas. Vimos tortugas gigantes. Vimos crías de tiburón.</u> Luego fuimos a ver las anguilas. <u>Almorzamos. Fuimos de compras. Compramos camisetas.</u>

El sábado la abuela y yo hicimos una fiesta. <u>Vinieron mis cuatro primos. Vinieron los gemelos Francisco y Pablo. Vino mi hermanito.</u> ¡Todos se quedaron todo el día! <u>Jugamos a la pelota. Nos comimos seis pizzas. Vimos un video.</u>

medusas

8 Raya o guión largo

Lee la siguiente oración. ¿Qué fue lo que dijo Ramón? ¿Cómo lo sabes?

—¡Hola, Doña Ana! —llamó Ramón—. ¡Terminé mi disfraz!

—tomado de *Vejigante*, de Lulu Delacre

- La **raya** o **guión largo** se usa en los diálogos para indicar que un personaje comienza a hablar. Cada vez que cambia el personaje que habla, se empieza un párrafo nuevo.

- La raya o guión largo se usa al principio de una nueva línea y también para separar las frases que explican algo o indican quién habló.

- Se deja un espacio antes de la primera raya y después de la segunda en los pares de rayas que separan explicaciones o indican quién habló. Las comas y puntos se ponen después de la segunda raya, no antes.

—Ya son las ocho —le comenté a Luis.
—¿Las ocho? Me tengo que ir —contestó Luis—. ¡Es tarde!

Inténtalo

En voz alta Lee el siguiente diálogo. Muestra, por medio de la entonación, qué palabras dicen los personajes y qué palabras son narración.

—¿Sabes adónde fuimos? —preguntó Dora.

—¿Adónde? —dijo Anita sin mucho interés.

—Fuimos a nadar —respondió Ana, y luego añadió—: ¡al mar!

—¿De veras? —preguntó Anita entusiasmada.

—¡Sí! —sonrió Dora—. Manejamos hasta el golfo de México.

—¡Cómo te envidio! —le sonrió Anita a su amiga.

Escribe el siguiente diálogo añadiendo rayas donde sea necesario.

Ejemplo: ¡Qué bailarina tan hermosa! dijo Mauro.

—¡Qué bailarina tan hermosa! —dijo Mauro.

1. Es mi sobrina Luisa dijo Julia. Estudia ballet.
2. ¿Hace mucho tiempo? preguntó Mauro.
3. ¿Que es mi sobrina? bromeó Julia.
4. No rió Mauro. Que estudia ballet, por supuesto.
5. Hace varios años dijo Julia.
6. Pues le voy a pedir que me dé el nombre de su maestro dijo Mauro decidido. Yo quiero que mi hija baile así también.

7–11. En este borrador para el comienzo de un cuento, hay cinco rayas que faltan o están mal colocadas. Escribe el cuento correctamente.

Ejemplo: —¡Qué sed! —¡Qué sed!— repetía Francisco.

—¡Qué sed! ¡Qué sed! —repetía Francisco.

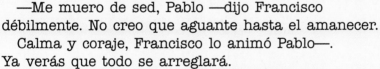

Cuento

—Me muero de sed, Pablo —dijo Francisco débilmente. No creo que aguante hasta el amanecer.

Calma y coraje, Francisco lo animó Pablo—. Ya verás que todo se arreglará.

—Ya llevamos mucho tiempo arrastrándonos por el desierto —dijo— Francisco cansado—. Nadie se acuerda de nosotros.

—En ese momento, un avión voló sobre el desierto y los dos hombres empezaron a hacer señas desesperados.

ESCRIBIR • PENSAR • ESCUCHAR • HABLAR

CREAR

Escribe un diálogo

Escribe un diálogo entre un amigo y tú, o entre dos personajes imaginarios. Usa los guiones largos. Lean sus diálogos en clase y comprueben que usaron los guiones correctamente.

9 División en sílabas

Para comenzar

¿Cuántas sílabas tiene cada verso de este poema tradicional?

Aserrín,
aserrán,
los maderos
de San Juan

- Las palabras se pueden dividir en sílabas. Una **sílaba** es el grupo de sonidos que se pronuncian en un solo golpe de voz.

  to-no   an-tes   mon-ta-ña   te-lé-fo-no

  Aquí tienes las reglas principales para dividir las palabras en sílabas.

- Cuando hay una consonante entre dos vocales, la consonante va con la segunda vocal, separada de la primera.

  to-no   ca-ro   te-ma   ma-no

- Cuando hay dos consonantes entre dos vocales, divide entre las dos consonantes.

  an-tes   cer-ca   mon-tón   bar-ba

- Nunca dividas *ch*, *ll*, *rr*, o las combinaciones de consonantes tales como *bl*, *br*, *cl*, *cr*, *dr*, *fl*, *fr*, *gl*, *gr*, *pl*, *pr* y *tr*.

  ha-cha   e-lla   i-glú   la-drar

- Cuando hay tres consonantes entre vocales, dos de ellas serán las combinaciones indivisibles que se mencionan arriba. Divide entre la otra consonante y la combinación indivisible.

  an-cho   in-glés   can-gre-jo   sem-brar

En voz alta Pronuncia las siguientes palabras haciendo una pausa entre las sílabas.

1. primos
2. corren
3. papalote
4. rápido
5. soplaba
6. césped
7. pradera
8. sentado
9. pronto
10. entraron
11. niño
12. encontraron

Escribe cada palabra. Separa las sílabas con un guión.

Ejemplo: tornado   *tor-na-do*

13. árboles
14. helicóptero
15. playa
16. anclado
17. candado
18. dramático
19. aflojar
20. campesino
21. contra
22. cascada
23. emplumado
24. español

25–32. En el siguiente artículo hay ocho palabras mal divididas. Escribe cada palabra mal dividida, indicando su división correcta en sílabas.

Ejemplo: Las máscaras son interes-
antísimas.   *in - te - re - san - tí - si - mas*

Exhibición de máscaras

Las máscaras que se están exhibiendo ahora en el salón de arte son parte de la exhibición artística más popular del año. En una entrevista reciente, le preguntamos a Lorenzo Sánchez, el maestro de arte, de qué estaban hechas estas interesantes máscaras.

"Las máscaras están hechas de arcilla", nos explicó él. "Los alumnos moldean la arcilla y luego la cocen en un horno de alta temperatura. Las pinturas se ponen <u>antes</u> de cocer las máscaras."

"Las máscaras no son tan difíciles de hacer", nos dijo Lina Linares, que tiene varias máscaras en la exhibición. "¡Y quedan verdaderamante impresionantes!"

10 Diptongos

¿Cuántas sílabas tiene cada palabra subrayada?
¿Cuáles son?

Mateo se llama el novio y María la novia.

- Cuando dos vocales aparecen juntas en una palabra, a veces forman diptongo y a veces no. El **diptongo** es la unión en una misma sílaba de una vocal fuerte *(a, e, o)* con una débil *(i, u)*, o de dos vocales débiles. La *y* al final de una sílaba también forma diptongo.

  a-gua   no-via   ai-re   cui-da-do   rey

- La unión de vocales fuertes no forma diptongo y las vocales se separan al dividir la palabra en sílabas.

  Ma-te-o   ma-re-a   a-é-re-o

- Si una vocal débil lleva acento, se rompe el diptongo y las vocales se separan.

  Ma-rí-a   rí-o   pú-a

Inténtalo

En voz alta Pronuncia las siguientes palabras haciendo una pausa entre las sílabas. ¿Cuáles tienen diptongos?

1. escuela
2. fiesta
3. poesía
4. caos
5. frío
6. viaje
7. gaviota
8. cueva
9. reina

Escribe y divide en sílabas la palabra con diptongo de cada oración.

Ejemplo: Compré una jaula para pájaros.   *jau - la*

10. Josefa estudia español.

11. ¿Cuántas canoas tenemos?

12. Esa piedra es bastante dura.

13. El puente no es largo.

14–21. En esta anotación en un diario, hay ocho palabras mal divididas. Escribe cada palabra mal dividida, indicando su división correcta.

Ejemplo: Mi visita al museo de ciencias me encantó.   *cien-cias*

Corrige

Mayo 31

El viernes pasado fuimos a una excursión. Nos montamos todos los estudiantes en un autobús y fuimos al Museo de Ciencias e Ingeniería. Fue una experi-
encia muy emocionante. Estuvimos vi-
ajando más de dos horas. Cantamos canciones, jugamos juegos y platicamos mucho.
La exhibición fue muy interesante. Yo quiero ser ingeniera, así que a mí me impresionó ver todas las maquinarias que tienen ahí.

¡Ahora, a escribir!

ESCRIBIR • PENSAR • ESCUCHAR • HABLAR

INFORMAR

Escribe un cuestionario

Prepara un cuestionario para investigar qué museos, acuarios, zoológicos y otros lugares de interés les gusta visitar a tus compañeros. Prepara preguntas que se puedan responder brevemente. No te olvides de dividir las palabras correctamente al final de los renglones. Informa a tu clase de los resultados.

11 Agudas, llanas y esdrújulas

Para comenzar

Divide en sílabas las dos palabras subrayadas. ¿Qué sílaba se pronuncia más fuerte en cada una?

Mi gato me <u>maulló</u> y ahora yo le <u>maúllo</u>.

- Las palabras se dividen en **agudas**, **llanas** y **esdrújulas** según la sílaba que se pronuncia con más fuerza. Algunas palabras llevan **acento escrito**. Las palabras que no llevan acento escrito tienen **acento prosódico** (sólo pronunciado).

- Si la última sílaba de una palabra es la que se pronuncia con más fuerza, decimos que la palabra es **aguda**.

    lector   real   patín   quizás

- Si la penúltima sílaba es la que se pronuncia con más fuerza, la palabra es **llana**.

    origen   deuda   árbol

- Si la antepenúltima sílaba es la que se pronuncia con más fuerza, la palabra es **esdrújula**.

    próximo   símbolo   teléfono

Inténtalo

En voz alta Lee las siguientes palabras en voz alta, dividiéndolas en sílabas y exagerando la sílaba que se pronuncia con más fuerza.

1. geografía
2. Egipto
3. pirámide
4. navegar
5. faraón
6. viajé

El río Nilo

Divide en sílabas la palabra subrayada en cada oración e indica si es
aguda, llana o *esdrújula.*

Ejemplo: Descubrieron el cráter de un volcán.   *crá - ter   llana*

7. Susana viaja en camión.

8. Yo estudio con mis amigos.

9. Pásame la mostaza, por favor.

10. Ayer vi un cometa.

11. El pájaro tiene un nido.

12. Juan tiene un avión.

13–45. Lee este correo electrónico y haz una lista de todas las palabras
agudas, llanas y esdrújulas. Cada palabra debe aparecer una sola vez. No
cuentes las palabras de una sola sílaba.

Ejemplo: Cuéntame sobre tu excursión.

Agudas	*Llanas*	*Esdrújulas*
excursión	sobre	Cuéntame

---
e-mail

Hola, Luis:

Fuimos por fin a la montaña y encontramos un
río muy hermoso. El agua se oía como si fuera
música. Mis primos pescaron cinco truchas y mi
mamá las cocinó. Estaban muy ricas. Cerca de ahí
había una fábrica abandonada. Había algunas
máquinas viejas y algunos conejos y pájaros que
ahora viven ahí.

¡Ahora, a escribir!

ESCRIBIR • PENSAR • ESCUCHAR • HABLAR

DESCRIBIR

Escribe una descripción

Describe un paisaje natural. ¿Qué fue lo que más te impresionó
del lugar? Reúnete con algunos compañeros y túrnense para leer sus
descripciones. ¿Qué detalles comunican cómo era el lugar?
Clasifiquen las palabras que usaron en agudas, llanas y esdrújulas.

12 Palabras agudas

Para comenzar

¿Cuántas palabras agudas hay en esta oración?
¿Cuáles llevan acento?

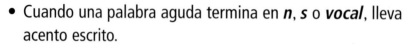

Tomás el ratón comenzó a nadar.

- Cuando una palabra aguda termina en *n*, *s* o *vocal*, lleva acento escrito.

  ratón   Tomás   comenzó

- Cuando una palabra aguda termina en cualquier otra letra, no lleva acento escrito.

  nadar   salud   capaz   Miguel

- Las palabras que tienen una sola sílaba por lo general no se acentúan, no importa con qué letra terminen.

  fue   dio   sol   mar

- Hay ciertas palabras de una sílaba que se acentúan para indicar un significado particular.

  Ya **te** he dicho que no me gusta el **té**.

  Ese regalo lo trajo **mi** tía para **mí**.

Inténtalo

En voz alta Lee las oraciones y di si las palabras subrayadas están escritas correctamente. Si no lo están, corrígelas.

1. El <u>delfin</u> es un animal muy inteligente.
2. No me gusta el <u>café</u>.
3. Este pan <u>esta</u> muy sabroso.
4. No quiere perder el <u>avion</u>.
5. El <u>autobús</u> viene retrasado.

En cada oración hay una palabra aguda que está mal acentuada o a la que le falta el acento. Escríbela correctamente.

Ejemplo: Susana no debería ver tanto la television.
Susana no debería ver tanto la televisión.

6. La recogerá en la estacion del metro.
7. Necesito un compas nuevo.
8. Ayér leí un artículo interesante.
9. Mi abuela vendra el fin de semana.
10. El avión vuela por contról remoto.

11–19. El siguiente fragmento de un cuento tiene nueve palabras agudas mal acentuadas o a las que les falta el acento. Escríbelo acentuando correctamente las palabras.

Ejemplo: El capitan subio al barco.
El capitán subió al barco.

La carrera

Su corazon latio con fuerza en su pecho cuando sintio el viento soplár aquella fresca mañana. La sensacion del velero deslizándose por el agua siempre le daba mucha emocion. Pronto comenzaría la carrera y su bote, *Amistád*, dejaría atras a todos los demas.

ESCRIBIR • PENSAR • ESCUCHAR • HABLAR

NARRAR

Escribe un relato de aventuras

¿Tienes alguna aventura que te gustaría contar? Cuenta tu aventura, explicándole a tu lector qué pasó. Léele tu relato a algunos compañeros. Comprueben juntos que las palabras están acentuadas correctamente.

13 Palabras llanas

Para comenzar

La oración del cartelón tiene varias palabras llanas. ¿Cuáles son? ¿Por qué sólo una de ellas lleva acento?

- Las palabras llanas llevan acento escrito sólo cuando terminan en consonante que no sea *n* o *s*.

isla	vengan	todos
lápiz	útil	Juárez

- Sin embargo, las palabras llanas terminadas en *n*, *s* o vocal se deben escribir con acento escrito cuando el acento sirve para indicar que no hay diptongo entre dos vocales débiles, o entre una débil y una fuerte.

María	comían	leíste
río	biología	Matías

Inténtalo

En voz alta Lee las oraciones. Explica por qué cada palabra subrayada está bien escrita o mal escrita.

1. El <u>cráter</u> del <u>volcán</u> es enorme.
2. En esa calle hay un <u>arbol</u> muy grande.
3. Mi abuelo es un <u>señór</u> muy <u>simpatico</u>.
4. Le gusta el <u>té</u> con <u>azucar</u>.
5. Esa estatua es de <u>mármol</u>.
6. El <u>autobus</u> pasará a las <u>séis</u>.
7. Cerca de mi casa hay un <u>río</u> y un <u>lágo</u>.
8. Este fin de semana tengo que <u>cortar</u> el <u>cesped</u>.

En cada oración hay una palabra llana mal acentuada. Escribe la oración correctamente.

Ejemplo: Siempre comia helado.   *Siempre comía helado.*

9. Tengo un lapiz azul.

10. Anoche hizo mucho frio.

11. Yo vivia en México.

12. Esa máquina es muy util.

13–22. El anuncio de este tablero tiene diez palabras llanas mal acentuadas. Escribe el anuncio correctamente.

Ejemplo: Mártes 15 de octúbre   *Martes 15 de octubre*

Corrige

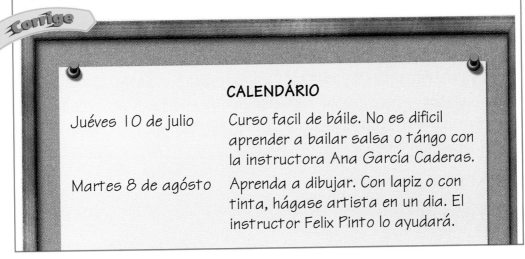

CALENDÁRIO

Juéves 10 de julio — Curso facil de báile. No es dificil aprender a bailar salsa o tángo con la instructora Ana García Caderas.

Martes 8 de agósto — Aprenda a dibujar. Con lapiz o con tinta, hágase artista en un dia. El instructor Felix Pinto lo ayudará.

¡Ahora, a escribir!

ESCRIBIR • PENSAR • ESCUCHAR • HABLAR

CREAR

Escribe un calendario

Piensa en nombres chistosos para distintas ocupaciones. Por ejemplo, una doctora podría llamarse Dolores Fuertes, o un jardinero, Pepe Rastrillo. Luego, crea un calendario de charlas que darán distintos invitados en el Día de los Oficios. Reúnete con unos compañeros y comprueben que las palabras están correctamente acentuadas.

14 Palabras esdrújulas

¿Qué está mal en esta rima?

Dos pajaros,
muy rapidos,
de su jaula
se han salido.

- La regla para saber si una palabra esdrújula lleva acento escrito o no es una de las más fáciles del español: Se acentúan siempre, sin excepciones, no importa la letra en que terminen.

  rápidos   pájaros   México

- Hay palabras, sobre todo ciertas formas verbales y ciertos adverbios terminados en *-mente*, que requieren acento en sílabas antes de la antepenúltima. Estas palabras se llaman **sobresdrújulas** y también llevan acento siempre.

  ágilmente   devuélvemelo

Inténtalo

En voz alta Lee estas oraciones y di cuáles son las palabras esdrújulas.

1. El águila voló hacia la montaña.
2. Juan se asustó con el relámpago.
3. Esta mañana hay mucho tránsito.
4. Aladino encontró una lámpara.
5. Era mágica porque tenía un mago dentro.

Por tu cuenta

Halla las palabras esdrújulas. Cópialas y acentúalas correctamente.

Ejemplo: Las mascaras de Venecia son muy famosas.   *máscaras*

6. El oceano tiene un color verde oscuro hoy.
7. Cantinflas fue un comico muy famoso.
8. Tengo que llevar mi auto al mecanico.
9. Compramos un ventilador electrico.
10. La fruta que más me gusta es el platano.

11–20. Este fragmento de un libreto tiene diez errores en los acentos. Escríbelo correctamente.

Ejemplo: Cerdito 1: ¡Ven rapido! ¡Hay un lobo a la puerta!
        Cerdito 1: ¡Ven rápido! ¡Hay un lobo a la puerta!

Corrige

Cerdito 2:	Alcanzame el telefono para llamar a la policía. Este lobo antipatico no nos deja en paz.
Lobo:	Soy un lobo malisimo. Voy a soplar y a resoplar.
Cerdito 3:	Mirenlo. No se cansa de lo mismo día tras día. Traiganme la camara fotografica. Tengo una ídea. [Abre la puerta.] Lobo simpatico, ¡sonríe!

¡Ahora, a escribir!

ESCRIBIR • PENSAR • ESCUCHAR • HABLAR

CREAR

Escribe un libreto

Un libreto guía a los actores para que sepan qué decir y hacer. Imagínate una situación entre dos personajes. Escribe un libreto para una escena que se pueda representar en el salón. Ensaya con algunos compañeros y representen sus escenas. Comprueben que sus palabras están acentuadas correctamente.

15 Diéresis: gue, gui, güe, güi

Para comenzar

¿Qué tienen en común las palabras subrayadas en esta oración?

Con este pingüino sinvergüenza,
se me acaba la paciencia.

- Por lo general, la **u** entre la **g** y la **e** o entre la **g** y la **i** no se pronuncia, y sólo sirve para indicar el sonido fuerte de la **g**.

    guerra   guineo

- En algunas palabras, la **u** entre la **g** y la **e** o entre la **g** y la **i** sí se pronuncia. Para indicar esto, se ponen dos puntitos sobre la **u**. Este signo se llama la **diéresis**.

    sinvergüenza   pingüino

- La **u** entre la **g** y la **a** o entre la **g** y la **o** se pronuncia sin necesidad de usar diéresis.

    guante   antiguo

Inténtalo

En voz alta Lee las oraciones. Pronuncia cada palabra con *gue* o *gui* correctamente.

1. Fui a una tienda de antigüedades.
2. Mi tío Guillermo es el dueño.
3. Él me dejó montar en una yegüita.
4. Vi fotos de pingüinos en un libro.
5. Encontré el número en la guía de teléfonos.

Por tu cuenta

Lee cada oración. Si la palabra subrayada está escrita correctamente, escribe *correcta*. Si no, escríbela correctamente.

Ejemplo: Laura hace unos <u>paraguitas</u> de papel.   *paragüitas*

6. Mi papá <u>sigüe</u> yendo a la universidad.
7. A Luisa le dio mucho <u>verguenza</u> resbalar y caerse.
8. Ya <u>averigüé</u> dónde está.
9. Mi hermana toca el <u>güiro</u> con la banda.
10. Las <u>cigueñas</u> hacen sus nidos en las chimeneas.

11–17. El texto de este sitio Web tiene siete errores en el uso de la diéresis. Escríbelo correctamente.

Ejemplo: Los pinguinos son aves.   *Los pingüinos son aves.*

Web Site

¿Sabías que los pingüinos son aves? Sí, son aves, como las cigueñas y las águilas. Pero el cüerpo de los pingüinos se ha adaptado para vivir en las agüas frías.

Igüal que las demás aves, los pingüinos ponen hüevos. Alimentan a sus crías poniéndoles comida en sus lenguitas. Si quieres que alguien averigue sobre los pingüinos, recomiéndale este sitio Web.

¡Ahora, a escribir!

ESCRIBIR • PENSAR • ESCUCHAR • HABLAR

COMPARAR

Escribe una comparación

Los pingüinos y las cigüeñas son aves. ¿En qué se parecen y en qué se diferencian? Investiga estas dos aves en una enciclopedia o en la Internet y escribe un párrafo o dos comparándolas. Usa la diéresis correctamente. Lee tu informe en voz alta en clase.

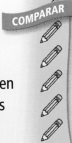

1 **Oraciones correctas** *(pág. 114)* Escribe cada oración correctamente.

1. las máscaras están hechas de madera o de hule
2. pueden hacerse con muchas cosas
3. mira esta máscara
4. qué horrible
5. qué máscara te gustaría hacer

2 **Mayúsculas en los nombres propios** *(pág. 118)* Escribe cada oración correctamente.

6. Todos los años voy al rancho de mi tío enrique.
7. Este año iré el día del trabajo.
8. Esa fiesta la organizó laura.
9. El río mississippi queda cerca.
10. Mi tío monta a su caballo palomo.
11. El año pasado el premio fue para luisa m. gómez.
12. ¿Alguna vez has estado en idaho?
13. Nació en canadá.
14. Ahora va a la escuela madison.
15. Vamos de excursión al parque nacional caribú.
16. Pasamos el día de acción de gracias en el parque.

3 **Abreviaturas** *(pág. 120)* Escribe la abreviatura y los nombres correctamente.

17. dra. Ana machado
18. rigoberto González
19. lic. juan ruiz
20. alfredo cifuentes
21. srta. marta garcía
22. dra. luisa lópez prado
23. sra. hilda pratt
24. sr. mario prado

4 **Títulos de libros** *(pág. 121)* Escribe estos títulos de libros correctamente.

25. el viejo y su puerta
26. un día en el desierto
27. siete velas para kwanzaa
28. el arco iris
29. la casita en el bosque
30. las tres jabalinas

5 **Comas en una serie** *(pág. 122)* Escribe cada oración poniendo comas donde sea necesario.

31. La Srta. Pineda la Sra. López y el Sr. Varela son vendedores.
32. Venden ropa joyas y zapatos.
33. Los anillos prendedores y relojes cuestan mucho.
34. ¿Trabaja la Srta. Pineda los lunes martes y jueves?
35. ¿Viste los gatitos perritos y peces en la tienda de animales?
36. Pablo compró camisas pantalones y calcetines.
37. Sara Pablo y Ernesto fueron de compras.

6 **Más usos de las comas** *(pág. 124)* Escribe cada oración poniendo comas donde sea necesario.

38. Sí el muñeco de nieve es grande.
39. Primero hizo el cuerpo del muñeco.
40. Después hizo la cabeza.
41. "Ayúdame Luis", me dijo.
42. Finalmente le tomamos una foto.
43. "Oye Pedro salió muy bien", dije yo.
44. Bueno quedó tan bien que ganó el concurso.

7 **Comillas** *(pág. 125)* Escribe cada oración. Añade las comillas.

45. Leí un artículo llamado Las flores de Tabasco.
46. Tomás pensó: Puedo correr más rápido que Miguel.
47. El padre de Tim preguntó: ¿Cuántos años tiene Miguel?
48. El cuadro que más me impresionó fue la Mona Lisa.
49. ¿Cuándo lloverá? es un poema de Joaquín Tormenta.

8 Raya o guión largo *(pág. 128)* Escribe el siguiente diálogo añadiendo rayas donde sea necesario.

50. Van tres días que no puedo dormir dijo la señora, y es desde que las ranas dejaron de cantar.

51. ¿Y cómo es eso? preguntó su vecina.

52. Pues rió la señora, es que con su canto me dormía.

53. Bueno respondió su vecina, habrá que esperar a que llueva otra vez.

54. La próxima vez que llueva dijo la señora, voy a grabar el canto de las ranas para así poder dormir cuando ellas no canten.

9 División en sílabas *(pág. 130)* Escribe estas palabras y divídelas en sílabas.

55. sol
56. entrada
57. techo
58. cuna

59. casillas
60. ferrocarril
61. ingresos
62. pelambre

63. detalles
64. engranaje
65. perrera
66. pollería

10 Diptongos *(pág. 132)* Divide en sílabas cada una de las siguientes palabras. Ten en cuenta los diptongos.

67. piel
68. piano
69. alegría
70. huelga

71. pleito
72. bailar
73. carey
74. suelo

75. cuidado
76. cuáles
77. peinado
78. airoso

11 Agudas, llanas y esdrújulas *(pág. 134)* Escribe si cada una de las siguientes palabras es *aguda*, *llana* o *esdrújula*.

79. limón
80. difícil
81. teléfono
82. golondrina

83. vestido
84. ácido
85. nido
86. conseguir

87. todos
88. pared
89. lápiz
90. jamás

12 **Palabras agudas** *(pág. 136)* En cada oración hay una palabra aguda que está mal acentuada o le falta el acento. Escríbela correctamente.

91. No me gusta viajar en avion.
92. Prefiero andár en mi bicicleta por el barrio.
93. Quizás algun día me anime a viajar más lejos.
94. Me gusta jugar en el jardin de mi casa.
95. Ayer encontre una canica en la tierra.
96. ¡Era bonita de verdád!
97. Mi amigo tambien encontró una.
98. Yo creo que la mía es mejór.

13 **Palabras llanas** *(pág. 138)* Lee cada oración e indica si la palabra subrayada está escrita correctamente. Si no lo está, escríbela correctamente.

99. Hoy tenemos <u>exámen</u> de aritmética.
100. Para mí la aritmética no es <u>dificil</u>.
101. Sumar y restar es muy <u>facil</u>.
102. A veces puedo resolver los problemas en mi <u>cabeza</u>.
103. No me hace falta ni <u>lapiz</u>.
104. Mi maestra dice que yo <u>razóno</u> bien.
105. En la clase de <u>ciéncias</u> estamos aprendiendo sobre los volcanes.
106. Esta clase también me gusta <u>múcho</u>.

14 **Palabras esdrújulas** *(pág. 140)* Escribe cada oración y subraya las palabras esdrújulas.

107. Nosotros cantábamos los lunes.
108. Tuvimos varios exámenes esta semana.
109. El príncipe llegó a caballo.
110. Si está barato, cómpralo.
111. Mis papás trabajan en una fábrica de papel.
112. Anoche llamamos por teléfono a mi abuela.
113. ¡Qué película más bonita!
114. Tu informe te quedó fantástico.

15 Diéresis: gue, gui, güe, güi *(pág. 142)* Lee cada oración e indica si la palabra subrayada está escrita correctamente. Si no lo está, escríbela correctamente.

115. Mi papá toca el <u>güiro</u>.
116. El gatito se lastimó la <u>lenguita</u>.
117. Jorge le sirvió un poco de <u>agüita</u>.
118. ¡Qué <u>agüacero</u> tan fuerte está cayendo!
119. ¿Tienes algún <u>paraguitas</u> por ahí que me puedas prestar?
120. <u>Güíame</u> por aquí para no perderme.
121. Esta sopa está muy <u>agüada</u>.
122. Estamos estudiando sobre la Segunda <u>Guerra</u> Mundial.
123. El <u>águila</u> vuela muy alto.

Repaso mixto 124–131. A esta historia le faltan tres mayúsculas, tres comas, un par de comillas y un guión largo. Escribe la historia correctamente.

Lista de control: Corregir
Comprueba que usaste correctamente:
✔ las mayúsculas
✔ las comas
✔ los guiones largos

La valiente Valentina

Un sábado, la valiente Valentina estaba sentada en una banca en el parque washington. Estaba leyendo un cuento titulado Ruth al rescate. ruth era una chica detective. Encontraba perros gatos y víboras. Valentina terminó lo que estaba leyendo y subió la mirada. Su vecino, el señor lópez, pasaba por ahí. Parecía muy enojado.

—¿Qué le pasa Sr. López? —preguntó Valentina.

Pues mi víbora desapareció —contestó el Sr. López.

Examen de práctica

Escribe los números 1–4 en una hoja de papel. Lee el pasaje y fíjate en cada oración subrayada. Decide si está correcta o, si no, qué tipo de error contiene. Escribe la letra de la respuesta correcta.

Tito fue a la biblioteca. Al llegar se encontró a Ana.

"Hola, Ana" —saludó Tito—. ¿Vienes a hacer tu tarea?
(1)

—Sí —contestó Ana—, necesito un libro sobre murciélagos otro
                                                    (2)
sobre insectos y otro sobre delfines.

—Yo necesito un libro que se llama *El clima* —dijo Tito.
(3)

—Ése es un buen libro, dijo Ana.
(4)

1 **A** Ortografía
    B Uso de mayúsculas
    C Puntuación
    D Oración correcta

2 **F** Ortografía
    G Uso de mayúsculas
    H Puntuación
    J Oración correcta

3 **A** Ortografía
    B Uso de mayúsculas
    C Puntuación
    D Oración correcta

4 **F** Ortografía
    G Uso de mayúsculas
    H Puntuación
    J Oración correcta

continúa ▶

Ahora escribe los números 5–8 en tu hoja. Lee el pasaje y fíjate en cada oración subrayada. Decide si está correcta o, si no, qué tipo de error contiene. Escribe la letra de la respuesta correcta.

Nicolás fue hoy a la dentista. <u>La dentista de la familia es la dra.</u>
(5)

<u>victoria Santiago.</u>

—¿Cuántos dientes se te han caído? —<u>le preguntó la Doctora.</u>
(6)

—¡Tres! —contestó Nicolás.

<u>La doctora le examino los dientes y</u> <u>le regaló un cepillo un tubo de</u>
(7) (8)

<u>pasta de dientes y una calcomanía.</u>

5 A Ortografía

   B Uso de mayúsculas

   C Puntuación

   D Oración correcta

6 F Ortografía

   G Uso de mayúsculas

   H Puntuación

   J Oración correcta

7 A Ortografía

   B Uso de mayúsculas

   C Puntuación

   D Oración correcta

8 F Ortografía

   G Uso de mayúsculas

   H Puntuación

   J Oración correcta

(págs. 114–115)

1 Oraciones correctas

- Comienza todas las oraciones con letra mayúscula.
- Termina las declaraciones y los mandatos con un punto.
- Escribe las preguntas entre signos de interrogación.
- Escribe las exclamaciones entre signos de exclamación.

Recuerda

Escribe cada oración correctamente.

Ejemplo: un robot es una máquina.   *Un robot es una máquina.*

1. su cerebro es una computadora
2. en qué se diferencian los robots de las computadoras
3. muchos robots tienen brazos y manos
4. dime qué pueden hacer los robots
5. los robots pueden hacer tareas sencillas en la casa
6. qué interesantes son los robots

(págs. 118–119)

2 Mayúsculas en los nombres propios

- Escribe con mayúscula el nombre propio de una persona, animal o lugar.

Recuerda

Escribe cada oración correctamente.

Ejemplo: En 1896 utah se convirtió en estado.
En 1896 Utah se convirtió en estado.

1. Es parte de los estados unidos de américa.
2. El río green atraviesa el estado.
3. La ciudad más grande es salt lake city.
4. Mi tío manuel nació allí.
5. Tenía un gato llamado guantes.
6. Le gustaba comer pavo el día de acción de gracias.

(pág. 120)

3 Abreviaturas

- Una abreviatura es una manera corta de escribir una palabra sin poner todas sus letras.
- Las abreviaturas de títulos se escriben con mayúscula y con punto.

Escribe cada oración correctamente.

Ejemplo: El dr juan bisturí me operó del corazón.
El Dr. Juan Bisturí me operó del corazón.

1. La sra lópez vende frutas.
2. El lic Hernández llegará a las diez.
3. El papá de Julio es el sr Pérez.
4. La srta. ángela es mi maestra.
5. La dra sánchez me examinó.
6. El ing. olín diseñó el puente.

(pág. 121)

4 Títulos de libros

- Se escriben con mayúscula la primera letra del título de un libro y todos los nombres propios dentro del título.
- Los títulos de los libros se subrayan.

Escribe cada título de libro correctamente.

Ejemplo: la flecha rumbo al sol   *La flecha rumbo al sol*

1. la falda
2. las aventuras de tomás rufino
3. la crianza de dragones
4. un sapo para el martes
5. en barco al canadá
6. el huevo más fantástico del mundo

(págs. 122–123)

5 Comas en una serie

Recuerda

- Usa comas para separar las cosas de una serie.
- Entre la penúltima y la última cosa, pon la palabra **y**, sin coma.

Escribe cada oración correctamente.

Ejemplo: Amy Kurt y Carlos visitaron la biblioteca.
Amy, Kurt y Carlos visitaron la biblioteca.

1. Amy encontró un libro sobre estrellas planetas asteroides y cometas.
2. Mercurio Venus y Marte están en la portada.
3. Carlos escogió libros sobre monos lobos jirafas y osos.
4. Kurt vio a la Sra. Gómez a Pepe y a Sarita.
5. Carlos escribió un informe sobre las focas las ballenas y los tiburones.

(pág. 124)

6 Más usos de las comas

Recuerda

- Usa comas después de **sí**, **no**, **bien** y otras palabras que aparecen al comienzo de una oración.
- Usa comas para separar el nombre de una persona a quien se habla directamente.

Escribe estas oraciones correctamente.

Ejemplo: Sí la televisión está descompuesta.
Sí, la televisión está descompuesta.

1. No no puedes arreglarla.
2. Bueno hay que llamar al taller.
3. Tráeme el directorio telefónico Luis.
4. Luego busca el número.
5. Oye Luis llama al taller.
6. Por fin aquí está el técnico.

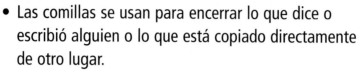

(pág. 125)

7 Comillas

Recuerda

- Las comillas se usan para encerrar lo que dice o escribió alguien o lo que está copiado directamente de otro lugar.
- También se usan en títulos de artículos, canciones o poemas.

Escribe cada oración añadiendo las comillas necesarias.

Ejemplo: Leí el artículo Los cometas.

Leí el artículo "Los cometas".

1. También leí el poema Viaje a las estrellas.
2. Sandra leyó: Ésa es la galaxia más cercana.
3. Carlos pensó: Hoy es mi día de suerte.

(págs. 128–129)

8 Raya o guión largo

Recuerda

- La raya o guión largo se usa cada vez que cambia la persona que habla y también para separar las frases que explican algo o indican quién habló.
- Se deja un espacio antes de la primera raya y después de la segunda en los pares de rayas que separan explicaciones o indican quién habló. Las comas y puntos van después de la segunda raya y no antes.

Escribe el siguiente diálogo añadiendo rayas donde sea necesario.

Ejemplo: Ya lo huelo dijo el primer ratoncito. Acércate.

—Ya lo huelo —dijo el primer ratoncito—. Acércate.

1. ¡Mmmm! dijo el segundo ratón, yo también lo huelo. ¡Qué rico!
2. Apúrate a comer dijo el primero.
3. Sí, tenemos que apurarnos respondió su amigo. No vaya ser que llegue el gato.

(págs. 130–131)

⑨ División en sílabas

- Cuando hay una consonante entre dos vocales, la consonante va con la segunda vocal.
- Cuando hay dos consonantes entre dos vocales, divide entre las dos consonantes.
- Nunca dividas *ch*, *ll*, *rr*, o las combinaciones de consonantes.

Recuerda

Escribe cada palabra y divídela en sílabas.

Ejemplo: plato   *pla-to*

1. letras
2. cuchara
3. refrigerador

4. inflado
5. portarretratos
6. callosidad

(págs. 132–133)

⑩ Diptongos

- El **diptongo** es la unión en una misma sílaba de una vocal fuerte *(a, e, o)* con una débil *(i, u)*, o de dos vocales débiles. La *y* al final de una sílaba también forma diptongo.
- La unión de vocales fuertes no forma diptongo.
- Si una vocal débil lleva acento, se rompe el diptongo.

Recuerda

Escribe cada oración y subraya las sílabas que tengan diptongo.

Ejemplo: Ella pronuncia las palabras con cuidado.
          Ella pronun<u>cia</u> las palabras con <u>cui</u>dado.

1. Por la fuerza nadie hace nada.
2. Un cuervo se detuvo en una rama.
3. Los cuernos del venado son impresionantes.

(págs. 134–135)

11 Agudas, llanas y esdrújulas

- Las palabras agudas pronuncian más fuerte su última sílaba.
- Las palabras llanas pronuncian más fuerte su penúltima sílaba.
- Las esdrújulas pronuncian más fuerte su antepenúltima sílaba.

Copia cada palabra subrayada e indica si es *aguda*, *llana* o *esdrújula*.

Ejemplo: Mis tíos me hicieron un <u>regalo</u>.

        regalo   llana

1. No te comas la <u>manzana</u>.
2. Ésa es mi <u>canción</u> favorita.
3. Parece un <u>científico</u> loco.

4. Es el <u>túnel</u> más oscuro.
5. Siempre desayuno <u>cereal</u>.
6. Los <u>sábados</u> desayuno más.

(págs. 136–137)

12 Palabras agudas

- Las palabras agudas que terminan en **n**, **s**, o **vocal** llevan acento escrito.
- Las palabras agudas que terminan en cualquier otra letra no llevan acento escrito.
- Las palabras de una sola sílaba generalmente no se acentúan.

Copia cada palabra subrayada añadiéndole acento si le hace falta.

Ejemplo: Necesitamos <u>carbon</u> para el día de campo.   *carbón*

1. Se <u>metio</u> al mar a nadar con los tiburones.
2. El <u>tiburon</u> es enorme.
3. Pegó su anuncio en la <u>pared</u>.
4. El <u>capitan</u> anunció que el barco partía.
5. Las buenas noticias lo hicieron <u>feliz</u>.
6. Santiago habla <u>frances</u> muy bien.

(págs. 138–139)

13 Palabras llanas

- Las palabras llanas llevan acento escrito sólo cuando terminan en consonante que no sea **n** o **s**.
- Aun si terminan en **n**, **s** o **vocal** las palabras llanas se deben escribir con acento si el acento sirve para indicar que no hay diptongo.

Copia cada palabra subrayada añadiéndole acento si le hace falta.

Ejemplo: El <u>tunel</u> es muy largo.   *túnel*

1. Hoy vamos a jugar a la <u>pelota</u>.
2. Ella <u>venia</u> a verme todas las tardes.
3. Tengo un <u>sueter</u> rosado.
4. El martillo es una herramienta muy <u>util</u>.
5. <u>Carmen</u> es muy buena amiga mía.
6. Se comporta como un <u>angel</u>.

(págs. 140–141)

14 Palabras esdrújulas

- Todas las palabras esdrújulas llevan acento escrito.

Halla las palabras esdrújulas en estas oraciones. Cópialas y acentúalas correctamente.

Ejemplo: El aguila es un ave de rapiña.   *águila*

1. El periodico se publica todos los días.
2. Mexico es un país muy hermoso.
3. Ese niño es muy simpatico.
4. Su hermana está en el ejercito.
5. Las palabras esdrujulas se acentúan.
6. El fotografo me tomó una foto.

(págs. 142–143)

15 Diéresis: gue, gui, güe, güi

- En algunas palabras se pone una **diéresis** sobre la *u* entre la *g* y la *e* o entre la *g* y la *i* para indicar que esta *u* se pronuncia.
- La *u* entre la *g* y la *a* o la *o* se pronuncia sin necesidad de usar diéresis.

Copia la palabra subrayada en cada oración y añádele diéresis si es necesario.

Ejemplo: Ese auto es una antiguedad.
antigüedad

1. Es un auto muy antiguo, pero todavía funciona.
2. Estos guantes me mantienen las manos calientes.
3. La cigueña es un tipo de pájaro.
4. Mi nuevo amigo es nicaraguense.
5. Le da verguenza cantar delante de los demás.
6. Los pinguinos viven en el Polo Sur.

Pronombres

¡Oye! Míranos.

Nosotros te vemos a ti

desde nuestro árbol.

Tómanos una foto.

1 ¿Qué es un pronombre?

Lee las siguientes oraciones. ¿Qué palabra en la segunda oración toma el lugar de *Miriam*?

En Nueva York a Miriam también la aceptaron en el famoso Estudio de Actores. Ella fue la primera puertorriqueña que recibió este gran honor.

—tomado de *Miriam Colón*, de Mayra Fernández

• Un **pronombre** es una palabra que puede ocupar el lugar de uno o más nombres en una oración.

Nombres	Pronombres
<u>Luisa</u> escuchó el viento.	**Ella** escuchó el viento.
<u>El león</u> rugía.	**Él** rugía.
<u>Los niños</u> se quedaron en casa.	**Ellos** se quedaron en casa.

• Los pronombres anteriores funcionan como sujetos. **Las formas de los pronombres que se usan en función de sujeto en la oración aparecen en el cuadro de abajo**.

Pronombres: Forma de sujeto			
Singular	yo	tú, usted	él, ella
Plural	nosotros, nosotras	ustedes	ellos, ellas

Inténtalo

En voz alta Encuentra los pronombres que se usan en función de sujeto.

1. Usted vio un relámpago.
2. Yo oí un fuerte trueno.
3. Él despertó a todo el mundo.
4. Anoche nosotros tuvimos una gran tormenta.

Reemplaza las palabras subrayadas con un pronombre.

Ejemplo: <u>Rafael</u> y yo fuimos de campamento.   *Nosotros*

5. <u>Los campistas</u> se sentaron alrededor del fuego.
6. <u>Mamá</u> no trajo suficiente comida.
7. <u>Rafael</u> tocó la guitarra.
8. <u>Jeff y yo</u> cantamos una canción.
9. ¿Qué canción cantó <u>tu hermana</u>?
10. <u>Luisa y tú</u> nos hablaron de un barco en el mar.
11. <u>Tú y yo</u> deberíamos ir un día de campamento.

12–17. Escribe este poema. Utiliza un pronombre en función de sujeto en lugar de las palabras subrayadas.

Ejemplo: <u>Las nubes</u> forman dibujos en el cielo.
Ellas forman dibujos en el cielo.

Un día de verano
<u>Luisa</u> pesca en el lago.
<u>Jacinto</u> junta piedras con su hermano José.
<u>Tú y yo</u> jugamos a las escondidas.
<u>Un ratón</u> pasa corriendo y chilla.
<u>Ana y Zoila</u> pusieron gusanos en un frasco.
<u>Tú y papá</u> pescaron mucho.

¡Ahora, a escribir!   ESCRIBIR • PENSAR • ESCUCHAR • HABLAR

CREAR

Escribe un poema
Escribe un poema sobre algo que les guste hacer a ti y a un amigo al aire libre. Utiliza pronombres en función de sujeto. Luego, encuentra un compañero y léanse sus poemas. Anoten y comparen los pronombres que usaron.

2 Tú y usted

Señora, dime qué hora es, por favor.

Para comenzar

¿Qué está mal en lo que el niño le dice a la señora?

- El pronombre *tú* se usa para referirse directamente a un familiar o a alguien de confianza.

  Carlos, tú tienes que traer los dulces.

- El pronombre *usted* tiene la misma función que *tú* pero es una forma de respeto que se usa normalmente con personas de mayor edad o con desconocidos.

  Don Mauricio, usted traerá los refrescos.

- Aunque *tú* y *usted* se refieren a la misma persona (segunda del singular), las formas verbales que les corresponden son distintas. *Usted* usa las mismas formas que *él* y *ella*.

  Tú comes.   Usted (él /ella) come.

Inténtalo

En voz alta Lee las siguientes oraciones. Elige el pronombre dentro del paréntesis que concuerde con el verbo.

1. Yo no sé hacer pastel. ¿(Usted, Tú) sabe?
2. (Usted, Tú) eres buen cocinero.
3. (Usted, Tú) cocinó ayer.
4. ¿(Usted, Tú) sabes cuántos huevos se necesitan?
5. (Tú, Usted) comiste mucho en la cena.
6. (Tú, Usted) prepara el mejor arroz.

Escribe cada oración y añade *tú* o *usted* según corresponda.

Ejemplo: Yo soy mexicano y _____ eres francés.

Yo soy mexicano y tú eres francés.

7. Yo nací en México; ¿_____ dónde nació?
8. _____ tienes familia en esta ciudad.
9. Yo no conozco Puerto Rico; ¿_____ lo conoce?
10. ¿_____ha visitado Japón?
11. _____te vas mañana a México.
12. ¿_____ tienes pasaporte?

13–18. Esta convocatoria está escrita con la forma *tú*. Cámbiala a la forma *usted*. Fíjate en la conjugación de los verbos.

Ejemplo: ¿Sabes tú tomar fotos?   *¿Sabe usted tomar fotos?*

Corrige

Concurso internacional de fotografía

¿Has oído tú de nuestro concurso? Estamos convocando a todos los fotógrafos del mundo. Si tú estás interesado, debes llenar una solicitud y enviar dos fotos. Si tú eres el ganador, irás dos semanas a África en un safari. ¡Envía tus fotos ahora mismo!

¡Ahora, a escribir!   ESCRIBIR • PENSAR • ESCUCHAR • HABLAR

PERSUADIR

Escribe una convocatoria

Trata de persuadir a alguien de que se inscriba en un concurso. Piensa si debes usar la forma *tú* o *usted* en la convocatoria. Lee tu convocatoria en clase. ¿Creen tus compañeros que usaste la forma apropiada para el público a quien va dirigido el anuncio?

3 Forma de complemento directo

Para comenzar

Lee las siguientes oraciones. ¿A qué se refiere la palabra *lo* en la segunda oración?

El gallito miraba y miraba el grano de maíz. Y entonces, de un picotazo, se lo tragó.

—tomado de *El gallo que fue a la boda de su tío*, de Alma Flor Ada

- Si un nombre recibe la acción directa de un verbo, decimos que es el **complemento directo** . Los pronombres que funcionan como complemento directo tienen una forma especial.

Nombres
Yo vi el desfile del circo.
Ellos compraron una casa.
Tira la pelota.

Pronombres
Yo lo vi.
Ellos la compraron.
Tírala.

Pronombres: Forma de complemento directo		
Singular	me te	lo, la
Plural	nos	los, las

- Cuando se usa un nombre, el complemento directo casi siempre va después del verbo. Si se cambia por un pronombre, éste se escribe **antes** del verbo, a menos que vaya unido a él, como en *tírala*.

Inténtalo

En voz alta Lee las oraciones con el pronombre correcto.

1. María y Pedro están pintando. _____ vi en el salón.
2. Rosa practica canto. _____ escuché ayer.
3. Yo escribí un cuento. _____ leí en voz alta.
4. María es buena artista. Yo _____ admiro mucho.

Por tu cuenta

El complemento directo está subrayado en cada oración. Copia la oración, cambiando el complemento directo por el pronombre apropiado.

Ejemplo: Su papá trajo a Roberto.   *Su papá lo trajo.*

5. Invité a mis primos al partido.
6. Compró un balón con sus ahorros.
7. Él quiere mucho a mi hermana y a mí.
8. Aprendimos rápidamente unas canciones nuevas.
9. Miguel encontró esos papeles.

10–14. Escribe nuevamente este correo electrónico. Cambia los nombres subrayados por los pronombres correctos.

Ejemplo: No vi el juego anoche. ¿Viste el juego tú?

No vi el juego anoche. ¿Lo viste tú?

---

e-mail

¡Tienes correo!

¡Hola, Raúl! No pude ir al juego, pero vi el juego por televisión. Ana Pinto jugó bien la primera parte del juego, pero luego lastimaron a Ana Pinto y tuvo que salir del campo. El primer gol fue bueno. Ángela López metió el primer gol. La cancha estaba fangosa. La lluvia había mojado la cancha. Si quieres ver el partido, repiten el partido esta noche.

¡Ahora, a escribir!

ESCRIBIR • PENSAR • ESCUCHAR • HABLAR

NARRAR

Escribe una narración deportiva

Narra un partido o una competencia de tu deporte favorito. Usa las formas de sujeto y las formas de complemento directo de varios pronombres. Léeles tu narración a tus compañeros y pídeles que señalen algunos de los pronombres que usaste.

4 Forma de complemento indirecto

Para comenzar

¿Qué pronombre falta en la nota de Elena?

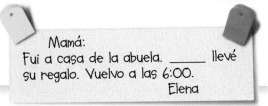

Mamá:
Fui a casa de la abuela. _____ llevé
su regalo. Vuelvo a las 6:00.
                              Elena

- Si un nombre recibe la acción **indirecta** de un verbo, decimos que es el **complemento indirecto**. En los ejemplos, el complemento directo está en azul y el indirecto está en amarillo. Fíjate en la forma de complemento indirecto de los pronombres.

Nombres

Compré unos libros para Ana.
Hice un dibujo para José y Luisa.

Pronombres

Le compré unos libros.
Les hice un dibujo.

Pronombres: Forma de complemento indirecto			
Singular	me	te	le
Plural	nos		les

- Fíjate que las formas son iguales que las de complemento directo, excepto las formas *le* y *les*, que corresponden a *él/ella* y *ellos/ellas*.

Inténtalo

En voz alta Señala los pronombres en la forma de complemento indirecto.

1. La entrenadora le enseña palabras a Koko.
2. Los gorilas comen de todo. Les gusta la fruta.
3. La entrenadora me regaló un gorila de juguete.
4. La entrenadora le puso el nombre de Magui.
5. A mi hermana y a mí nos encantan los gorilas.

Koko y su entrenadora

El complemento indirecto está subrayado en cada oración. Cámbialo por el pronombre apropiado.

Ejemplo: Trajo una foto de un gorila para ti.
Te trajo una foto de un gorila.

6. La entrenadora enseñará muchas señas a Magui.
7. Magui sonrió para nosotros.
8. Juan compró un racimo de plátanos para los gorilas.
9. Silvia ofrecerá a los gorilas una pelota roja.
10. Voy a entregar al profesor mi informe sobre los gorilas.

11–16. Cambia las palabras subrayadas por el pronombre correcto.

Miguel y Pedro fueron a ver los gorilas. Su tío consiguió boletos para ellos. Los gorilas viven en la selva. Trepar a los árboles agrada a los gorilas. La entrenadora trajo algunos juguetes para Magui. Trajo una computadora especial para ese gorila.

Como los gorilas comen fruta, yo traje plátanos para los gorilas. Magui y los demás gorilas saltan aros y pelotas. Todas esas cosas gustan mucho a los gorilas. El espectáculo ofrece al público mucha información. ¡También ofrece al público mucho entretenimiento!

¡Ahora, a escribir!

ESCRIBIR • PENSAR • ESCUCHAR • HABLAR

DESCRIBIR

Escribe una descripción

Imagínate que tienes un animal que puede hablar contigo. Escribe un párrafo describiendo de qué hablan, usando las formas de los pronombres que has estudiado. Léeselo a un compañero y pídele que revise tu uso de los pronombres.

5 Forma con preposiciones

Para comenzar

¿Qué está mal en las siguientes oraciones? ¿Cómo las corregirías?

Quiero ir a la heladería con tú. No te vayas sin yo.

- Palabras como *a*, *de*, *para*, *con* y *contra*, que expresan una relación especial, se llaman **preposiciones**. Cuando los pronombres se usan con preposiciones, hay que usar la forma apropiada.

Te escogió a ti.	Ven conmigo, por favor.
Ese regalo es para mí.	¿Quieres que vaya contigo?

Pronombres: Forma con preposiciones		
Singular	mí (conmigo)	ti (contigo)/usted	él/ella
Plural	nosotros/nosotras	ustedes	ellos/ellas

- Fíjate que con la preposición *con* se usan las formas especiales *conmigo* y *contigo*.

Inténtalo

En voz alta Lee estas oraciones. Complétalas con la forma correcta del pronombre indicado entre paréntesis.

1. María siempre se preocupa por (mí, yo).
2. Sin (ella, la) no podría hacer muchas cosas.
3. Recitó un poema ante (nos, nosotros).
4. Para (le, ella), estudiar es como un juego.
5. Para (yo, mí), María es una gran estudiante.
6. Entre (nuestras, nosotras) siempre habrá amistad.

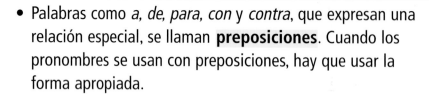

Te ayudaré.

Escribe cada oración cambiando las palabras subrayadas por el pronombre correcto.

Ejemplo: A <u>Carlos</u> le gusta su bicicleta nueva.
         A él le gusta su bicicleta nueva.

7. Para <u>los muchachos</u> es importante ganar.
8. Desfilarán ante <u>el presidente</u>.
9. Competirá contra <u>Miguel y yo</u>.
10. Miguel les prometió a <u>Luisa y a ti</u> que tendría cuidado.
11. Según <u>los especialistas</u>, nuestro equipo es el mejor.

12–16. En este anuncio hay cinco errores en el uso de los pronombres. Escríbelo correctamente.

Ejemplo: Para tú no hay límites.
         Para ti no hay límites.

Corrige

Las bicicletas de la compañía BiciBala van con tú a todas partes. ¿Usas tu bicicleta para ir a la escuela? El modelo Suburbio ti servirá. ¿Ella usas para dar largos viajes por carretera? El modelo Excursión es para tú. Y si tu especialidad es campo abierto o caminos no pavimentados, ¡nosotros encontraste a tiempo! Ésa es nuestra especialidad también.

¡Ahora, a escribir!

ESCRIBIR • PENSAR • ESCUCHAR • HABLAR

DESCRIBIR

Escribe un anuncio

Describe un producto para tratar de convencer al público de que lo compre. Usa pronombres de todas las formas que has estudiado. Léeles tu descripción a tus compañeros. ¿Hallaron tu anuncio convincente? Pídeles que señalen un pronombre de cada forma: sujeto, complemento directo, complemento indirecto y con preposición.

Escribir con pronombres

Escribir claramente con pronombres Ten cuidado de no repetir demasiado un pronombre. Tus oraciones pueden volverse muy aburridas. El lector puede olvidar de quién o de qué estás hablando. Cuenta cuántas veces se usa el pronombre *ella* en el siguiente párrafo.

> Esa carrera era importante para Eric. Sería difícil para él, pero ella pondría a prueba su destreza. Ella podría convertirlo a él en un héroe. Ella representaba para él la oportunidad de ganar su primer trofeo.

El mismo párrafo resulta más claro cuando el pronombre se cambia por un nombre o simplemente se elimina.

> Esa carrera era importante para Eric. Sería difícil para él, pero pondría a prueba su destreza. Podría convertirlo en un héroe. La carrera representaba para Eric la oportunidad de ganar su primer trofeo.

También puedes cambiar el pronombre por una palabra distinta que se refiera al nombre original. Esto volverá más interesante tu redacción.

> Esta competencia lo convertiría en un héroe.

Aplícalo

1–5. Revisa esta parte de un relato. Reemplaza con un nombre o elimina cada pronombre subrayado.

Revisa

> Marie y otros corredores se alinearon para la carrera. <u>Ella</u> sentía el violento latir de su corazón. Estaba lista para arrancar y <u>ella</u> esperaba ganar. El mes pasado había perdido. Esta vez, <u>ella</u> sabía que podía triunfar.
>
> La carrera comenzó. Iba a ser una carrera reñida y eso la hacía emocionante. <u>Ella</u> salió disparada hacia el frente. Se sentía fuerte y estaba a la cabeza. ¡Deseaba tanto ganar! <u>Ella</u> podía verse a sí misma con el trofeo.

Combinar oraciones Si dos oraciones tienen como sujeto el mismo nombre, al combinarlas puedes casi siempre eliminar el nombre de la segunda oración. Suena mal usar pronombre en estos casos.

Arturo agarró el balón.
Arturo saltó para meter la canasta

Suena mal:
Arturo agarró el balón y
él saltó para meter la canasta.
Mejor:
Arturo agarró el balón y
saltó para meter la canasta.

Aplícalo

6–9. Escribe los pies de foto del anuario combinando las dos oraciones. Elimina el nombre subrayado.

Revisa

Los fanáticos esperan que comience el juego. Los fanáticos quieren ver a la mascota.

Nuestra mascota es un perro. La mascota se llama Perrazo.

Los chicos juegan con la mascota. Los chicos quieren llevarse la mascota a casa.

Nuestros jugadores ganan el juego. ¡Nuestros jugadores brincan de contentos!

1 **¿Que es un pronombre?** *(pág. 160)* Escribe un pronombre que sustituya las palabras subrayadas en cada oración.

1. <u>Juan</u> le canta una canción al público.
2. <u>Los niños</u> hacen una reverencia.
3. <u>La maestra</u> toca después.
4. <u>Mamá y yo</u> aplaudimos mucho.
5. <u>Tu papá y tú</u> sonríen.

2 **Tú y usted** *(pág. 162* Escribe cada oración con el pronombre correcto. Usa *tú* o *usted* según el verbo.

6. _____ sabe mucho de coches.
7. Quiero que _____ vayas con el mecánico.
8. ¿_____ puede arreglar autos de carreras?
9. ¿Puede _____ decirme qué hora es?
10. Ven _____ y ayúdame.

3 **Forma de complemento directo** *(pág. 164)* Escribe el pronombre apropiado para cada espacio en blanco.

11. Vi un cuadro de un castillo. _____ pintó Juan.
12. Quiero ver tus otros dibujos. ¿_____ vas a traer?
13. Sabes dónde queda mi casa. _____encontrarás sin problemas.

4 **Forma de complemento indirecto** *(pág. 166)* El complemento indirecto está subrayado en cada oración. Copia la oración, cambiando el complemento indirecto por el pronombre apropiado.

14. Traje dos caracoles <u>para ti</u>.
15. Llevé un ramo de flores <u>para ella</u>.
16. Mi familia envía saludos <u>a tus tíos</u>.
17. Debe gran cantidad de dinero <u>al banco</u>.
18. Han ofrecido una beca <u>a mi hermana y a mí</u>.

5 **Forma con preposiciones** *(pág. 168)* Escribe cada oración con el pronombre apropiado para la persona indicada entre paréntesis.

19. A _____ también me gustó el cuento. (yo)
20. Con_____ he aprendido mucho. (tú)
21. Se ha portado muy bien con _____. (mi familia y yo)
22. Se oculta tras _____. (sus hermanas mayores)
23. Sin _____ no podremos hacer nada. (tu hermano y tú)

Repaso mixto 24–33. Esta carta tiene diez errores en el uso de los pronombres. Corrígelos y escribe la carta correctamente.

Lista de control: Corregir

Comprueba:
✔ la forma correcta de los pronombres como complementos directos e indirectos
✔ las formas *mí, ti, conmigo* y *contigo* que se usan con preposiciones

Corrige

— **Esteban** —

Querida tía Ana:

Gracias por la caja de pinturas que mí regalaste. ¡A mí nos gustó mucho! Les tengo siempre con mí. Yo ti quiero mucho a te y al tío Pepe. Los tengo un regalo yo también a ustedes. Ya te contaré sobre lo.

Yo tenía otras pinturas y lo mezclé. Ahora tengo una combinación especial. Mamá y papá colgaron mis cuadros en su oficina. Él están seguros de que seré un artista famoso.

Con cariño,
Esteban

Examen de práctica

Escribe los números 1–4 en una hoja de papel. Lee el pasaje y escoge la mejor palabra o el mejor grupo de palabras para cada espacio en blanco. Escribe la letra de la respuesta correcta.

Mañana es la presentación de nuestra obra de teatro. Todos __(1)__ hemos trabajado mucho. Hemos ensayado todos los días después de la escuela. Los actores se han memorizado __(2)__ líneas. __(3)__ tuvieron que aprender en muy pocos días. El director, el Sr. López, __(4)__ recomendó a los padres que acostaran a sus hijos temprano, ¡para estar listos para la obra!

1 A ellos

  B nosotros

  C nos

  D nuestros

2 F su

  G suyas

  H suyos

  J sus

3 A Las

  B La

  C Les

  D Los

4 F los

  G las

  H le

  J les

Ahora escribe los números 5–6 en tu hoja. Lee el pasaje y busca las partes subrayadas y numeradas. Estas partes pueden ser:

- oraciones incompletas
- uniones incorrectas
- oraciones correctas que se deben combinar
- oraciones correctas que no requieren ningún cambio

Escoge la mejor manera de escribir cada parte subrayada y escribe la letra de la respuesta. Si no hace falta ninguna corrección, escribe la letra de "Oraciones correctas".

Mi vecino Luis es de Puerto Rico. A Luis le gusta jugar fútbol.
(5)
A Luis le gusta ir al cine. Él está en mi clase. Cada mañana es lo

mismo. Nos encontramos en la esquina. Caminamos juntos a la
(6)
escuela. A los dos nos gusta la música. Luis quiere aprender a

tocar la guitarra. Le voy a prestar mi manual.

5 A A Luis le gusta jugar fútbol, le gusta ir al cine.

B A Luis le gusta jugar fútbol. Y a Luis le gusta ir al cine.

C A Luis le gusta jugar fútbol e ir al cine.

D Oraciones correctas

6 F Nos encontramos en la esquina y caminamos juntos a la escuela.

G Nos encontramos en la esquina caminamos juntos a la escuela.

H Nos encontramos. En la esquina. Caminamos juntos. A la escuela.

J Oraciones correctas

Unidad 1: La oración

Sujetos y predicados *(págs. 18, 20)* Escribe cada oración. Traza una línea entre el sujeto y el predicado.

1. Catalina escribió un informe de ciencias sociales.
2. Su maestra lo leyó a la clase.
3. El informe era sobre George Washington.
4. George Washington nació en 1732.
5. Él se convirtió en el primer presidente de los Estados Unidos.

Unidad 2: Nombres

Nombres comunes y nombres propios *(págs. 34, 36)* Escribe cada nombre. Luego escribe *común* o *propio* después de cada uno.

6. Tuvimos un mes muy atareado.
7. Paco Quintana y Carmen Rivera hicieron fiestas.
8. Mi familia pasó una semana en New Hampshire.
9. Hubo una feria en nuestra ciudad.
10. La abuela voló de San Francisco.
11. El tío David organizó un asado de almejas en la playa.

Singular y plural *(págs. 44, 46)* Escribe el plural de cada nombre.

12. jardín
13. pie
14. diente
15. rubí
16. lunes
17. avestruz

Unidad 3: Verbos

Conjugación de verbos regulares *(págs. 58–67)* Escribe si el verbo subrayado está en *presente, pretérito indefinido, pretérito imperfecto* o *futuro*.

18. Mi amigo Pedro <u>monta</u> su bicicleta todo el día.
19. Ayer <u>salí</u> de paseo con él.
20. No <u>había</u> escuela.
21. Nos <u>divertimos</u> muchísimo ayer.
22. <u>Preguntaré</u> a mis padres si puedo volver mañana.

Verbos irregulares *(pág. 72)* Escribe cada oración con la forma correcta del verbo entre paréntesis.

23. Yo (jugo, juego) con mis carritos horas y horas.
24. (Quero, Quiero) tener más y más carritos.
25. (Hago, Hazo) carreras con ellos.
26. Los (teno, tengo) en una esquina de mi cuarto.
27. No (cabieron, cupieron) en mi cajón de juguetes.

Unidad 4: Adjetivos y adverbios

Adjetivos *(págs. 84, 86, 90)* Escribe los adjetivos de estas oraciones.

28. Dos amigas de Claudia tomaron el tranvía.
29. Ellas vieron desde lejos el hermoso paisaje.
30. Los niños trajeron sus bicicletas.
31. Recorrieron la pequeña isla en una hora.
32. Mi papá también nos acompañó.

Adverbios *(págs. 96, 98)* Escribe los adverbios de estas oraciones.

33. Benito siempre va al desfile.
34. Su papá generalmente va con él.
35. Benito corrió rápidamente hasta el frente.
36. Sus amigos lo encontraron pronto.
37. Mañana pasarán otras carrozas.

Unidad 5: Ortografía y puntuación

Cuatro tipos de oraciones y Mayúsculas en los nombres propios *(págs. 114, 118)*

Escribe cada oración correctamente.

38. qué pescaste en el lago este verano
39. está cerca de la escuela césar chávez
40. enriqueta capturó diez peces en dos horas
41. ven a pescar con nosotros el sábado
42. qué pescado más grandote

Comas *(págs. 122, 124)* Escribe cada oración correctamente. Pon comas donde sea necesario.

43. Marcos Sarita y Luisa salieron a buscar tesoros.
44. Luego Sarita encontró un lápiz rojo.
45. Luisa encontró una concha un peine y el jabón.

Agudas, llanas y esdrújulas *(págs. 130–141)* Divide cada palabra en sílabas y subraya la sílaba que se pronuncia con más fuerza. Luego escribe *aguda*, *llana* o *esdrújula*.

46. magnífico
47. edificio
48. noviembre
49. cómico
50. desfile
51. acción
52. portátil
53. disfraz

Unidad 6: Pronombres

Forma de complemento directo *(pág. 164)* Escribe el pronombre apropiado para cada espacio en blanco.

54. Yo corto la leña. _____ corto rápido.
55. Mi hijo _____ ayuda.
56. Llenamos el patio de aserrín. Después _____ limpiamos.
57. Limpiamos también las herramientas y _____ guardamos.
58. Los vecinos pasan y _____ saludan.
59. _____ llamamos para que vean nuestra pila de leña.

Forma de complemento indirecto *(pág. 166)* El complemento indirecto está subrayado en cada oración. Copia la oración, cambiando el complemento indirecto por el pronombre apropiado.

60. Entregó a ella un regalo de su madre.
61. Comunicaron la información a nosotros.
62. No ofrecieron a mí nada de comer.
63. ¿Prestaste a ellos tu radio portátil?
64. Llevó unos chocolates para su novio.
65. ¿Es verdad que cantó una canción para ti?

Recuerda

(págs. 160–161)

1 ¿Qué es un pronombre?

- Un pronombre toma el lugar de un nombre.
- Las formas *yo, tú, usted, él, ella, nosotros, nosotras, ustedes, ellos* y *ellas* se usan en función de sujeto.

Escribe un pronombre para reemplazar las palabras subrayadas.

Ejemplo: <u>Muchas personas</u> están en la playa.   *Ellas*

1. <u>Papá</u> me saca una foto.
2. <u>Paco</u> colecciona conchas.
3. <u>María</u> va a nadar.
4. <u>Ana y María</u> se sientan debajo de una sombrilla.
5. <u>La abuela</u> nos da sándwiches.
6. <u>Abuela y yo</u> jugamos en la arena.

(págs. 162–163)

2 Tú y usted

Recuerda

- *Tú* se usa con familiares o personas de confianza. *Usted* se usa con personas mayores o con desconocidos.
- Las formas verbales que corresponden a *usted* son las mismas que corresponden a *él* y *ella*.

Escribe cada oración con el pronombre correcto. Usa *tú* o *usted* según el verbo.

Ejemplo: ¿____ vendrás con nosotros? *¿Tú vendrás con nosotros?*

1. ____ fue al campo esta mañana.
2. Ayer ____ corriste junto a ellos en el campo.
3. Yo brinco mientras ____ corres.
4. ____ debe llevar la canasta para el día de campo.
5. ¿Quiere ____ jugar con nosotros?
6. Vete ____ por el otro lado.

(págs. 164–165)

3 Forma de complemento directo

Recuerda

- El **complemento directo** acompaña al verbo en la oración y recibe la acción del verbo.
- Los formas de complemento directo de los pronombres son *me, te, lo, la, nos, los, las.*

Escribe las oraciones completándolas con el pronombre apropiado para las palabras entre paréntesis.

Ejemplo: Rosaura _____ toca como una experta violinista. (el violín)

Rosaura lo toca como una experta violinista.

1. Yo _____ llamé para que nos tocara una melodía. (a Rosaura)
2. José escribió un cuento y yo _____ leí. (el cuento)
3. Mucha gente _____ conoce en este pueblo. (a mi padre y a mí)
4. Tu papá _____ trajo ayer a nuestra reunión. (a ti)
5. Yo _____ practico todas las tardes. (mi trompeta)

(págs. 166–167)

4 Forma de complemento indirecto

Recuerda

- El **complemento indirecto** indica quién recibe la acción del verbo en forma indirecta.
- Las formas de complemento indirecto de los pronombres son *me, te le, nos, les.*

Escribe cada oración con el pronombre que corresponda al complemento indirecto que aparece entre paréntesis.

Ejemplo: _____ trajo pinturas. (para su sobrino)

Le trajo pinturas.

1. _____ gustan algunos programas. (a mi mamá)
2. _____ compró modelos de autos. (a mí)
3. _____ trajo varias pinturas. (a ti)
4. _____ llevará un juguete. (para ella)
5. _____ tengo una sorpresa. (a ellos)

Práctica adicional

(págs. 168–169)

5 Forma con preposiciones

Recuerda

- Cuando los pronombres se usan con preposiciones, hay que usar la forma apropiada.
- La forma de los pronombres que se usa con preposiciones es igual que la forma de sujeto, excepto *mí, ti, conmigo* y *contigo*.

Escribe cada oración escogiendo la forma correcta de las que se dan entre paréntesis.

Ejemplo: Trajo un papalote para (él, lo).
Trajo un papalote para él.

1. Por (yo, mí), nunca dejaría de jugar.
2. ¿A (tú, ti) te gusta volar papalotes?
3. Si vuelas el papalote cerca del árbol, se trabará en (ella, él).
4. Corrió tras (ellos, los) en la playa.
5. No iré sin (él, lo) a ningún lado.
6. ¡Qué divertido es volar papalotes (con tú, contigo)!

Índice

Índice

Índice *continuación*

Credits

Illustrations

Special Characters illustrated by: Sal, the Writing Pal by LeeLee Brazeal; Pencil Dog by Jennifer Beck Harris; Enrichment Animals by Scott Matthews.

Yvette Banek: 20
Gwen Connelly: 72, 121
Chris Demarest: 90, 138, 162 (top)
Eldon Doty: 96, 124 (top), 125 (top)
Kate Flanagan: 124 (center), 168
Jennifer Harris: 125 (center)
Andy Levine: 22 (bottom)
Steven Mach: 44
Patrick Merrell: 84
Laurie Newton-King: 60
Chris Reed: 59, 92
Scot Ritchie: 64, 162 (bottom)
Tim Robinson: 16
Ellen Sasaki: 36
Lauren Scheuer: 62, 108, 132, 134
Rémy Simard: 14
Michael Sloan: 22 (top)
George Thompson: 66, 70
George Ulrich: 15, 42, 98, 132, 164
Matt Wawiorka: 130, 136, 140, 142
Amy L. Young: 94

Photographs

9 © Paul Chesley/Tony Stone Images. 10 © Mark Sherman/Photo Network. 12 (t) © Lawrence Migdale/Tony Stone Images. (b) © J. & P. Wegner/Animals Animals. 13 © Frans Lanting/Tony Stone Images. 14 © Jean Higgins/Unicorn Stock Photo. 15 © PhotoDisc, Inc. 16 © Charles Thatcher/Tony Stone Images. 17 © Jeffrey Sylvester/FPG International. 18 © Nancy Sheehan/PhotoEdit. 19 (t) © PhotoDisc, Inc. (b) © Margaret Ross/Stock Boston. 20 © Tom Prettyman/PhotoEdit. 21 © iSwoop/FPG International. 23 © Siede Preis/PhotoDisc. 25 (t) © Lori Adamski Peek/Tony Stone Images. (tm) © Myrleen Ferguson/PhotoEdit. (bm) © Stephen McBrady/PhotoEdit. (b) © Dan McCoy/Rainbow/

Picture Quest. 27 © Peter Weimann/Animals Animals. 30 (t) © Scott Barrow/International Stock Photo. (b) © PhotoDisc, Inc. 31 © Steve Smith/FPG International. 32 © Ellis Herwig/Stock Boston 33 © Bill Brooks/Masterfile. 34 (t) © Comstock, Inc. (m) © CORBIS. (b) © Joanna B. Pinneo/Aurora/Picture Quest. 35 © CORBIS. 38 © Jeff Greenberg/Unicorn Stock Photo 39 © Ed Bock/The Stock Market. 40 (tl) © Karen Holsinger Mullen/Unicorn Stock Photo. (tr) © Tony Freeman/PhotoEdit. (bl) © Ariel Skelley/The Stock Market. (br) © Fabricius & Taylor/Photo Network. 41 © Bob Daemmrich/Stock Boston/Picture Quest. 45 (t) © John Fortunato/Tony Stone Images. (m) © Comstock, Inc. 46 (t) © Kevin Schafer/Corbis. (b) © Digital Stock Corp. 49 © PhotoDisc, Inc. 52 © Charles Gupton/The Stock Market. 53 © PhotoDisc, Inc. 54 (t) © Wolfgang Kaehler/CORBIS. (b) © Musée d'Orsay, Paris/Giraudon, Paris/Superstock. 55 © David Wells/The Image Works. 56 © Myrleen Ferguson/PhotoEdit. 57 © Telegraph Colour Library/FPG International. 58 © John Warden/Tony Stone Images. 60 © Jim Whitmen. 61 © PhotoDisc, Inc. 65 © PhotoDisc, Inc. 66 © Bob Daemmrich/Stock Boston/Picture Quest. 68 © The Granger Collection, New York. 70 © Jennie Woodcock/CORBIS. 72 © Bob Daemmrich/Tony Stone Images. 73 © John A. Rizzo/PhotoDisc, Inc. 79 © R. Crandall/The Image Works. 80 © Archive Photos. 81 (t) © Michael Gadomski/Animals Animals. (b) © Richard Day/Animals Animals. 82 © Mark Scott/FPG International. 84 © Claire Hayden/Tony Stone Images. 84 © Vince Streano/Tony Stone Images. 85 © PhotoDisc, Inc. 86 (t) © Digital Stock Corp. (b) Courtesy of NASA. 87 Courtesy of NASA. 88 (tl) © Art Montes De Oca/FPG International. (tr) © SuperStock, Inc. (br) © Archivo Iconográfico, SA/CORBIS. (bl) © Anne-Marie Weber/FPG International. 90 © PhotoDisc, Inc. 91 © PhotoDisc, Inc. 92 © Peter Woloszynski/Tony Stone Images. 93 © Zefa/Herbert Spichtinger/The Stock Market. 96 © Michael Newman/PhotoEdit. 100 © Peter Menzel/Stock Boston.

Photographs *continued*

101 (t) © GavinHellier/Tony Stone Images.
(bl) © Michael Busselle/Tony Stone Images.
(br) © Oliver Benn/Tony Stone Images. **103**
© Joe McDonald/Animals Animals. **106** (t)
© Roy Morsch/The Stock Market. (b) © Joe
McDonald/Animals Animals. **107** (t) © Tom
& Dee Ann McCarthy/The Stock Market.
(b) © PhotoDisc, Inc. **108** © SuperStock,
Inc. **109** (t) © David Lawrence/The Stock
Market. (b) © Adam Woolfitt/CORBIS.
110 © PhotoDisc, Inc. **111** © Stouffer
Prod./Animals Animals. **112** © SuperStock,
Inc. **113** © Alan Schein/The Stock Market.
114 © Santow/Geocaris/Tony Stone Images.
118 © Timothy Shonnard/Tony Stone
Images. **120** © Mary Kate Denny/
PhotoEdit. **121** © Eric R. Berndt/Unicorn
Stock Photo. **122** © Mary Kate Denny/
PhotoEdit. **123** (l) © Comstock, Inc. (tr) ©
Siede Preis/PhotoDisc, Inc. **127** © John
Warden/Tony Stone Images. **128** © Jeff
Greenberg/The Picture Cube, Inc. **131** (t) ©
Myrleen Ferguson/PhotoEdit. (b) ©
PhotoDisc, Inc. **132** © Digital Stock Corp.
134 © Travelpix/FPG International. **136** ©
Stuart Westmorland/CORBIS. **138** © Digital
Stock Corp. **140** © PhotoDisc, Inc. **142** ©
Francesco Venturi; Kea Publishing Services
Ltd/CORBIS. **148** © PhotoDisc, Inc. **151** ©
Chuck Pefley/Tony Stone Images. **152** ©
PhotoDisc, Inc. **153** © Andrew Holbrooke/
The Stock Market. **154** © Aaron Horowitz/
CORBIS. **155** © PhotoDisc, Inc. **157** ©
PhotoDisc, Inc. **158** © Wolfgang Kaehler/
CORBIS **159** © Lori Adamski Peek/Tony
Stone Images. **160** © Ralph H. Wetmore,
II/Tony Stone Images. **161** © Mark
Downey/PhotoDisc, Inc. **166** Courtesy of
The Gorilla Foundation/© Ron Cohn. **167**
Courtesy of The Gorilla Foundation/© Ron
Cohn. **168** © Comstock, Inc. **169** © John
Terence Turner/FPG International. **171** ©
Bob Daemmrich/Stock Boston. **176** ©
Myrleen Ferguson/PhotoEdit. **177** © George
Shelley/The Stock Market. **178** © A.
Ramey/PhotoEdit. **179** © Stockbyte. **180**
Image provided by MetaTools. **181** ©
Digital Vision/Picture Quest.

Cover Photograph
John Higginson/Tony Stone Images

Notas

Notas

Notas

Notas

Notas

Notas